GERALD DREWS

Dürfen Nachbarn alles?

Meine Rechte als »Mitbewohner«

Grundeigentum und Nachbarrecht.
Der populäre Rechtsratgeber für Mieter und Eigentümer

Originalausgabe

WILHELM HEYNE VERLAG
MÜNCHEN

HEYNE RATGEBER
08/9483

2. Auflage

Printed in Germany 1994
Umschlaggestaltung: Atelier Adolf Bachmann, Reischach
Umschlagillustration: Elmar Kohn, Landshut
Satz: KortSatz GmbH, München
Druck und Bindung: Ebner Ulm

ISBN 3-453-07701-6

Mein Dank gilt Eva-Maria Kuß und Diana Vogler
für die Mitarbeit am Manuskript

Inhalt

Teil IV: Für Nachbarn, Mieter und Eigentümer: Wo es Hilfe gibt

Teil V: Anhang

Vorwort

»Es kann der Frömmste nicht in Frieden leben,
wenn es dem bösen Nachbarn nicht gefällt.«

Es ist nur allzu wahr, was Friedrich von Schiller in seinem Schauspiel »Wilhelm Tell« festgestellt hat. Ob in der Stadt oder auf dem Land, ob auf festem Boden oder im Wasser: Überall gibt es Nachbarn. Haben Sie ein Reihenhaus? Ein Apartment? Eine Villa? Oder wohnen Sie zur Miete?

Egal. Denn um Sie herum leben Menschen. Und wo Menschen leben, haben sie ganz handfeste egoistische Interessen. Das ist nur recht und billig. Denn das Hemd ist einem nun mal näher als der Rock. Ihnen genauso wie mir. Und wenn nun Hemd und Rock zusammenstoßen? Tja, dann bleiben Meinungsverschiedenheiten nicht immer aus. Genaugenommen gibt es zwei Möglichkeiten:

Erstens: Jeder ist mit dem einverstanden, was der andere tut.

Zweitens: Er ist es nicht.

Wenn nicht, gibt es wieder zwei Möglichkeiten:

Erstens: Man sucht – und findet – einen Kompromiß. Von Nachbar zu Nachbar sozusagen.

Zweitens: Man geht, jeder für sich, zunächst einmal zum Anwalt.

Eines sollte Ihnen klar sein: Jede Störung des gutnachbarlichen Verhältnisses schlägt einem auf das Gemüt. Vorausgesetzt, man hat eines.

Daraus folgt, daß es eigentlich nichts Angenehmeres geben könnte, als mit seinen Mitmenschen und Nachbarn in Frieden zu leben. Ach, wär' das schön! Aber manchmal geht es eben beim besten Willen nicht.

Streitigkeiten haben in aller Regel ihre Ursache in einer fehlenden oder falschen Kenntnis der gesetzlichen Bestimmungen. Kein Wunder, denn Nachbar- und Mietrechte sind so schwierige Spezialgebiete, daß sie auch für manche Rechtskundige kaum noch zu durchblicken sind. Geschweige denn für Laien.

Man muß sich durch eine Unzahl von Bundesgesetzen und von ihnen abweichenden Landesgesetzen lesen. Die haben zweifellos ihre Berechtigung. Nur: Sie machen es uns, den »normalen« Bürgern, nicht eben leichter durchzublicken.

Die nachbarrechtlichen Bestimmungen, die für das gesamte Bundesgebiet einheitlich gelten, sind in ihrer Zahl nicht allzu groß. Das Bürgerliche Gesetzbuch hat hierfür die Paragraphen 903 bis 924 geschaffen. Die können Sie, neben anderen Gesetzestexten, die Sie als interessierter Bürger kennen sollten, im Anhang dieses Buches nachlesen. Und ein paar wichtige Adressen, an die Sie sich wenden können, wenn Sie weitergehende Fragen haben, finden Sie dort ebenfalls.

Ich habe auf den folgenden Seiten versucht, die wichtigsten rechtlichen Bestimmungen für den Laien zu »übersetzen«. Ich habe versucht, Fragen, die das Nachbar- und Mietrecht betreffen, zu beantworten oder, wo dies in der Kürze nicht möglich ist, wenigstens einen Hinweis darauf zu geben, wen Sie um Antwort fragen können.

Außerdem finden Sie in den Text eingestreut bemerkenswerte Fälle aus der Praxis – Typisches, Aberwitziges, Haarsträubendes und Unerhörtes – mit den entsprechenden Gerichtsurteilen. Kaum zu glauben, mit welchen Klagen sich die Richter herumschlagen müssen – da bleibt einem manchmal das Lachen im Halse stecken.

Aber ich möchte Ihnen, bevor Sie mit der Lektüre beginnen, auch noch folgendes sagen: Dieses Buch kann keinen Rechtsanwalt ersetzen. Es kann Ihnen bestenfalls den – nicht immer billigen – Gang zum Anwalt ersparen: Wenn Sie in irgendeiner Angelegenheit mit Ihrem Nachbarn verschiedener Meinung sind und Sie können die strittige Frage anhand dieses Buches klären, dann habe ich mein Ziel bereits erreicht.

Wenn der Nachbar nicht will, ist ein friedliches Miteinander nicht möglich. Aber vielleicht kann ich Ihnen wenigstens zu einem friedlichen Nebeneinander verhelfen, das durch Recht und Gesetz abgeklärt ist.

So, bevor wir jetzt in die knifflige Angelegenheit einsteigen, möchte ich Ihnen noch ein allerletztes Wörtchen mit auf den Weg geben: Recht und Gesetz dienen nicht dem Rechtsstreit, sondern dem Rechtsfrieden. Unsere Rechtsordnung ist eine Friedensordnung. Daran sollten Sie denken, ehe Sie die Ärmel hochkrempeln, um es Ihrem Nachbarn »einmal so richtig zu zeigen«. Es würde mir leid tun, wenn Sie den kürzeren ziehen. Oder, um mit einem alten deutschen Sprichwort zu enden:

»Ein guter Nachbar ist besser als ein Bruder in der Fremde.«

Teil I:
Grundeigentum und Nachbarrecht

1.
Das Eigentum – Rechte und Pflichten

Eigentum – was ist das? Eine Frage, die nicht ganz so einfach zu beantworten ist. »Meyers großes Taschenlexikon« definiert Eigentum als »das absolute dingliche Recht, über eine Sache innerhalb der von der Rechtsordnung gezogenen Grenzen frei zu bestimmen. Es gewährt eine umfassende Herrschaftsmacht, berechtigt den Eigentümer zum Besitz und zu tatsächlichen Einwirkungen auf die Sache sowie zur (rechts-geschäftlichen) Verfügung über sein Recht. Bei Verletzung von Sache oder Recht durch einen einzelnen oder die öffentliche Gewalt sind dem Eigentümer Abwehr- und Ausgleichsrechte gegeben. Vom Besitz unterscheidet es sich dadurch, daß es eine rechtliche (nicht bloß eine tatsächliche) Sachherrschaft ermöglicht.«*

Um den Begriff »Eigentum« drücken sich Juristen gern herum. Einerseits räumt etwa unser Bürgerliches Gesetzbuch (BGB) dem Eigentümer einer beweglichen oder unbeweglichen Sache das umfassendste Herrschaftsrecht ein, das unsere Rechtsordnung überhaupt kennt. Andererseits werden Sie weder im BGB noch sonstwo eine juristische Begriffsbestimmung des Wortes »Eigentum« finden.

Unsere heutige Rechtsordnung erkennt das Privateigentum in all seinen Erscheinungsformen grundsätzlich an.

---

* Quelle: »Meyers Großes Taschenlexikon« in 24 Bänden, Band 3, 3. Auflage, Mannheim 1990.

In Artikel 14 Absatz 1 des Grundgesetzes (GG) heißt es wörtlich:
»Das Eigentum und das Erbrecht werden gewährleistet.«
Und weiter in Absatz 2:
»Eigentum verpflichtet. Sein Gebrauch soll zugleich dem Wohle der Allgemeinheit dienen.«

Auch wenn Ihnen nun das BGB bestätigt, als Eigentümer mit Ihrem Eigentum nach Belieben verfahren und andere davon ausschließen zu können: So ganz tun und lassen, was Sie wollen, können Sie doch nicht. Schließlich gibt es dieses »Wohl der Allgemeinheit«. So heißt es zum Beispiel auch in § 903 BGB, daß Sie mit Ihrer Sache nur dann nach Belieben verfahren können, wenn dem nicht das Gesetz oder Rechte Dritter entgegenstehen.

Daraus folgt: Das Gesetz oder die Rechte Dritter bestimmen Grenzen und Schranken des Eigentums.

Wie weit diese Grenzen und Schranken nun reichen, läßt sich gerade beim Eigentum und vor allem beim für das Gemeinwesen besonders bedeutsamen Grundeigentum nie ein für alle Male festlegen.

Denken Sie zum Beispiel daran, was sich im Laufe der Zeit alles verändern kann: die Größe des Lebensraumes, der einem Volk zur Verfügung steht (aktuelles Beispiel: die deutsche Wiedervereinigung), Aufgaben und Bedürfnisse der Allgemeinheit, Raumgestaltung, technische und wirtschaftliche Entwicklung, aber auch die jeweilige allgemeine Rechtsanschauung über die Rechte und Pflichten des Eigentümers, speziell des Grund eigentümers.

Die Bestimmung des Grundgesetzes über das Eigentum ist ein allgemeinverbindlicher Rechtssatz.

Er gilt sowohl gegenüber dem großen Ganzen, also der Allgemeinheit, als auch – und das besonders beim Grundeigentum – dem Nachbarn gegenüber. Womit wir definitiv beim eigentlichen Thema wären.

Das Nachbarrecht im BGB

Nun enthalten das BGB, aber auch verschiedene Landesrechte Bestimmungen, die darüber Auskunft geben, in welcher Weise und in welchem Umfang der Eigentümer eines Grundstücks gegenüber den Eigentümern des Nachbargrundstücks von seinem Recht Gebrauch machen darf. Folgende nachbarrechtlichen Bestimmungen sind im BGB enthalten (sie können im einzelnen noch einmal im Anhang dieses Buches nachgelesen werden):

Zuführung von unwägbaren Stoffen (Immissionen)	§ 906 BGB
Herstellung und Haltung gefahrdrohender Anlagen	§ 907 BGB
Gefahr des Gebäudeeinsturzes	§ 908 BGB
Bodenvertiefungen	§ 909 BGB
Eindringen von Wurzeln und Zweigen, Überfall von Früchten	§§ 910, 911 BGB
Überbau	§§ 912 bis 916 BGB
Notweg	§§ 917, 918 BGB
Grenzstreitigkeiten und Grenzanlagen	§§ 919 bis 923 BGB

Trotz dieser Aufzählung: Das BGB regelt das Nachbarrecht bei weitem nicht erschöpfend. In § 124 des Einführungsgesetzes zum BGB, EGBGB genannt, wird die Regelung der übrigen nachbarrechtlichen Gebiete den Bundesländern überlassen. Ergebnis: ein Wust von Gesetzen, der es unmöglich macht, in einem Ratgeber wie diesem alles erschöpfend zu behandeln. Vor allem der in der Praxis oft umstrittene Grenzabstand von Pflanzen, aber auch Fensterrecht, Traufrecht, Hammerschlags- und Leiterrecht und eine Anzahl weiterer, oft nur regional geltender Rechte werden da sehr unterschiedlich behandelt. Ich komme auf diese Punkte noch zurück.

Kunst am Bau

Es war einmal ein Architekt, der kaufte sich ein schönes Stück Land und entwarf nach allen Regeln seiner Kunst ein Traumhaus. Ein bißchen ungewöhnlich war es schon mit seinen extravaganten Formen. Aber der Bauherr wollte ja auch etwas Besonderes. Was eben kein Zweiter hat.

Doch bald plumpste unser Künstler herunter von seiner rosaroten Wolke und wurde ganz giftgrün vor Zorn: Bekam er doch keine Baugenehmigung, weil sein Baustil angeblich nicht in die Umgebung passe! Das fand er verfassungswidrig: Sein Haus war doch ein Kunstwerk und genoß damit den Schutz des Grundgesetzes. Oder?

Das Bundesverwaltungsgericht wies das Genie in seine Grenzen: Auch bei einem Kunstwerk dürfe nicht alles erlaubt sein. Die Freiheit der Kunst ende dort, wo in Grundrechte der Mitmenschen eingegriffen werde. Und ein Haus, das aus dem Erscheinungsbild der Umgebung heraussticht, könne das Wohlbefinden der Nachbarn in der Tat erheblich beeinträchtigen. Der Architekt mußte also seine Phantasie zügeln.

§ *Az. 4 B 138/90; in: »Neue Zeitschrift für Verwaltungsrecht« 1991, 983.*

2.
Der Nachbar – juristisch gesehen

Zunächst stellt sich die Frage: Was ist überhaupt ein Nachbar? Im Sinne des Nachbarrechts des BGB sind streng juristisch nicht nur die Eigentümer der räumlich unmittelbar nebeneinanderliegenden Grundstücke Nachbarn, sondern auch die Eigentümer von Grundstücken, die von dem Ihren weiter entfernt liegen. Und zwar dann, wenn von deren Grundstück Einwirkungen ausgehen, die Ihr eigenes Grundstück beeinträchtigen.

Zu diesen Einwirkungen zählt § 906 BGB etwa: Gase, Dämpfe, Gerüche, Rauch, Ruß, Wärme, Geräusch, Erschütterungen und ähnliches. Bei dem belästigten, aber auch bei dem störenden Nachbarn muß es sich nicht nur um »Eigentümer« handeln, sondern es können auch »natürliche und juristische Personen« (wie es laut Gesetz heißt) gemeint sein, die die Grundstücke nur aufgrund sogenannter beschränkter Rechte nutzen. Gemeint sind damit Mieter oder Pächter.

Daher spricht § 906 Absatz 2 BGB auch nicht vom Eigentümer, sondern vom »Benutzer« des störenden Grundstücks.

Da der Grundstücksbegriff im Nachbarrecht und im Grundbuchrecht nun nicht in allen Einzelheiten zusammenfällt, können sogar Personen Nachbarn sein, die dasselbe Grundstück nutzen oder benutzen – zum Beispiel Mieter und ihr Mietgrundstück.

3.
Das Grundstück im Mittelpunkt von Interessengegensätzen

Zunächst einmal wird der Begriff »Grundstück« vom Gesetz nicht bestimmt. Das Grundbuchrecht versteht unter einem Grundstück einen mit einer bestimmten Nummer im Bestandsverzeichnis des Grundbuchs eingetragenen Teil der Erdoberfläche. Zum Grundstück gehört aber auch der darunter befindliche Teil des Erdkörpers. Es ist also keine Fläche, sondern ein Körper, ein Keil oder Kegel, dessen Spitze theoretisch mit dem Mittelpunkt der Erde zusammenfällt.

Was zum Grundstück gehört

Bleiben wir an der Oberfläche. Hier gehören zum Grundstück in erster Linie dessen **wesentliche Bestandteile**, das sind zum Beispiel:

- die Gebäude, die auf dem Grundstück stehen
- Bäume und sonstige Pflanzen
- Maschinen in einem Betrieb, der sich auf diesem Grundstück befindet – selbst dann, wenn sie nicht fest mit dem Boden verbunden sind
- die Erzeugnisse des Grundstückes, solange sie mit dem Boden zusammengehören – insbesondere die Bodenteile, die aus dem Grundstück gewonnen werden, wie Sand, Ton oder Kies.

Klage gegen Grashalm-Klau

Kann sich jemand wegen Diebstahls von Grashalmen strafbar machen? Das zumindest glaubte ein Grundstückseigentümer. Er hatte einen Schäfer angezeigt, der seine Schafe über seine Wiese getrieben hatte. Dabei hatten die lieben Tierchen natürlich am fremden Grün geknabbert . . .

Der Amtsrichter von Kenzingen meinte zwar, grundsätzlich könne sich ein Schäfer, der seine Tiere auf fremden Auen weiden läßt, durchaus strafbar machen. In diesem Fall aber kam der Schäfer ungeschoren davon, da er die Herde nur über die Wiese trieb, um eine andere Weide zu erreichen. Daher war es ihm offensichtlich nicht darum gegangen, daß die Schafe ihren Hunger auf der Wiese stillten.

§ Amtsgericht Kenzingen, Az. Cs 212/91.

Die wesentlichen Bestandteile bilden mit dem Grundstück eine rechtliche Einheit. Sie können jedoch auch für sich allein Gegenstand von Verträgen sein, selbst dann, wenn dies die Trennung der wesentlichen Bestandteile vom Grundstück voraussetzt.

Von besonderer Bedeutung für ein Grundstück ist es, ob man es bebauen kann, und wenn ja, wie. Damit wären wir beim Begriff des **Gebäudes**: Hier handelt es sich um ein unbewegliches, mit dem Erdboden fest verbundenes Bauwerk, das geeignet ist,

Menschen, Tiere oder Sachen aufzunehmen und Menschen Zutritt zu gewähren. Dabei ist es unerheblich, ob das Gebäude vollendet, in der Herstellung begriffen oder unvollendet geblieben ist – wie so manche moderne Bauruine.

Unerheblich ist es auch für den Begriff des Gebäudes, ob es von allen Seiten umschlossen ist, ob man es absperren kann, ob es sich oberhalb oder – wie zum Beispiel ein Keller oder Bunker – unterhalb der Erdoberfläche befindet. Es muß aber nach gewissen Regeln von Erfahrung und Technik von Menschen errichtet sein.

Normalerweise gehört ein Gebäude zu den wesentlichen Bestandteilen eines Grundstücks. Es sei denn, daß es nur zu einem vorübergehenden Zweck mit dem Grund und Boden verbunden ist, wie zum Beispiel eine Bauhütte.

Neben den wesentlichen Bestandteilen gibt es auch das sogenannte »**Zubehör eines Grundstücks**«. Das sind nach § 97 BGB »bewegliche Sachen, die, ohne Bestandteil der Hauptsache zu sein, dem wirtschaftlichen Zweck der Hauptsache zu dienen bestimmt sind und zu ihr in einem dieser Bestimmung entsprechenden räumlichen Verhältnis stehen«. Ist sie nicht herrlich, unsere Juristensprache? Am besten, ich nenne Ihnen ein paar Beispiele für Zubehör:

- das Inventar einer Gastwirtschaft
- die Fernleitungen eines Elektrizitätswerks
- die Büroeinrichtung eines Geschäftsbetriebs.

Zubehörteile eines Grundstücks sind selbständige Sachen. Anders als wesentliche Bestandteile können sie Gegenstand selbständiger dinglicher Rechte sein. Zu diesen Rechten zählen zum Beispiel

- Eigentum
- Pfandrecht
- Nießbrauch.

Dingliche Rechte gewähren ihrem Träger ein unmittelbares Herrschaftsrecht über eine Sache und wirken gegen jedermann. Das bedeutet etwa für unser Zubehör, daß dingliche Rechte denkbar sind, die nicht im Zusammenhang mit dem Grundstück stehen. So kann Ihnen das Mobiliar einer Kneipe gehören, ohne daß Ihnen gleich die ganze Kneipe gehört.

Neben den wesentlichen Bestandteilen und dem Zubehör spielen auch die Früchte eine besondere Rolle. Sie werden vom Grundgesetz folgendermaßen definiert:

§ 99 (1): »Früchte einer Sache sind die Erzeugnisse der Sache und die sonstige Ausbeute, welche aus der Sache ihrer Bestimmung gemäß gewonnen wird.«

(2): »Früchte eines Rechtes sind die Erträge, welche das Recht seiner Bestimmung gemäß gewährt, insbesondere bei einem Recht auf Gewinnung von Bodenbestandteilen die gewonnenen Bestandteile.«

(3): »Früchte sind auch die Erträge, welche eine Sache oder ein Recht vermöge eines Rechtsverhältnisses gewährt.«

Hätten Sie beim Biß in eine saftige Frucht gedacht, daß man dies alles so trocken definieren kann? Und hätten Sie gedacht, daß es »unmittelbare« und »mittelbare« Früchte gibt?

Unmittelbare Früchte sind die organischen Erzeugnisse des Grundstücks und seiner unwesentlichen Bestandteile und seines Zubehörs. Dazu gehören außer den Feldfrüchten auch die Eier der (übrigens unwesentlichen) Hühner oder die Wolle der (ebenso unwesentlichen) Schafe.

Unmittelbar ist aber auch die bestimmungsgemäße Ausbeute des Grundstücks beispielsweise nach Mineralien und Regalien (Hoheits- und Nutzungsrechte) sowie aus Fischerei und Jagd.

Mittelbar sind vor allem die Gegenleistungen für die Überlassung des Gebrauchs oder der Fruchtziehung des Grundstücks, also insbesondere Pacht und Mietzins.

»Feuchte« Grundstücke

Verlassen wir festen Boden und begeben wir uns ins Wasser. Denn auch die natürlichen **Gewässer oberhalb der Erde** sind grundsätzlich Grundstücke, egal, ob sie stehen oder fließen, ob sie natürlich oder künstlich angelegt sind – wie zum Beispiel Kanäle, Gräben oder Stauseen.

Auch diese »feuchten« Grundstücke gehören jemandem.

Die Eigentumsverhältnisse sind, soweit es sich um Bundeswasserstraßen handelt, in Bundesgesetzen geklärt. Bei den anderen oberirdischen Gewässern liegt die Regelung der Eigentumsverhältnisse und ihrer Ausgestaltung bei den Ländern und den von ihnen erlassenen Wassergesetzen.

Hier gibt es leider keine Vereinheitlichung: Teils sind die Eigentumsverhältnisse privatrechtlich, teils öffentlich-rechtlich geregelt. Übereinstimmung gibt es nur in der Einteilung der Gewässer, je nach deren Bestimmung und Bedeutung, in drei Ordnungen und allenfalls noch in der Unterscheidung der Wasserläufe als natürlich oder künstlich.

Mit den Eigentumsverhältnissen an unterirdischen Gewässern, besonders am **Grundwasser**, sieht es folgendermaßen aus: Die Bundeswassergesetze, auch das Wasserhaushaltsgesetz, schweigen sich hierüber aus. Nach den Landeswassergesetzen steht das Eigentum an unterirdischen Gewässern dem Eigentümer des Grundstücks zu, in dessen Erdkörper sie sich befinden. Allerdings ist der Eigentümer in der Benutzung dieser Gewässer und über deren Verfügung erheblich beschränkt, vor allem beim Grundwasser. Klar: Besteht doch heute nahezu an jedem natürlichen Gewässer ein allgemeines Interesse.

Am weitesten geht übrigens das Land Baden-Württemberg: § 12 seines Wassergesetzes sagt, daß das Grundwasser nicht der Verfügung des Grundeigentümers unterliegt. Auch in den anderen Bundesländern braucht man eine behördliche Erlaubnis oder Bewilligung, wenn man Gewässer benutzen will – auch das Grundwasser. Allerdings ist eine Erlaubnis oder Bewilligung nach den §§ 33–35 des Wasserhaushaltsgesetzes nicht erforderlich für das Entnehmen, Zutagefördern, Zutageleiten oder Ableiten von Grundwasser

- für Haushalt, landwirtschaftlichen Hofbetrieb, Tränken von Vieh außerhalb des Hofbetriebs oder in geringen Mengen zu einem vorübergehenden Zweck
- zum Zweck der gewöhnlichen Bodenentwässerung landwirtschaftlich, forstwirtschaftlich oder gärtnerisch genutzter Grundstücke.

Wasser lassen auf Nachbars Grund

Ganze drei Jahre zog sich der »Pinkelprozeß von Heilbronn« hin. Der Eigentümer einer Scheune hatte seinen Nachbarn angezeigt, weil der dort regelmäßig des Nachts urinierte.

Doch seine Schadenersatzforderung von über 6000 Mark für das nun angeblich schimmelnde und stinkende Mauerwerk wurde abgewiesen. Der Richter des Oberlandesgerichts: »Das meiste ist verdunstet«.

Die Reinhaltung des Grundwassers wird in § 34 des Wasserhaushaltsgesetzes geregelt. Danach darf eine Erlaubnis oder Bewilligung für das Einleiten von Stoffen in das Grundwasser nur erteilt werden, wenn eine schädliche Verunreinigung oder sonstige nachteilige Änderung seiner Eigenschaften nicht in Frage kommt. Wenn Sie Stoffe lagern oder ablagern, Flüssigkeiten oder Gase durch Rohrleitungen befördern, müssen Sie also darauf achten, daß dies dem Grundwasser nicht schadet.

Die Wassergesetze der Länder enthalten in bezug auf Grundwasser Bestimmungen, die dem Wasserhaushaltsgesetz entsprechen oder es sogar noch weiter einschränken. In der Fußnote steht, wo Sie die entsprechenden Gesetzestexte finden.*

In diesem Zusammenhang ist auch das Zweite Abänderungsgesetz zum Wasserhaushaltsgesetz vom 6. August 1964 zu beachten. Es besagt: Die Neuanlage von Rohrleitungsanlagen zum Befördern wassergefährdender Stoffe (wie Rohöle, Benzine, Dieselkraftstoffe, Heizöle und anderer flüssiger oder gasförmiger Stoffe), die Gewässer verunreinigen oder sonst zu ihrem Nachteil verändern könnten, müssen von der für Wasser zuständigen Behörde genehmigt werden. Daneben können beispielsweise für den Einbau eines Öltanks Baugenehmigungen erforderlich sein.

Im Zusammenhang mit Wasser noch ein paar Sätze über das **Fischereirecht**: Es ist grundsätzlich landesrechtlich geregelt. Im Prinzip steht das Fischereirecht dem Eigentümer des Gewässers zu. Er hat auch das Recht, die Fischerei zu verpachten oder sonstige schuldrechtliche Verträge über sein Fischereirecht mit

---

* Baden-Württembergisches Wassergesetz: §§ 1, 12, 13 ff., 36, 37; Bayerisches Wassergesetz: Artikel 4, 15 ff., 34, 35; Berliner Wassergesetz: §§ 14 ff., 36 bis 38; Bremer Wassergesetz: §§ 2 ff., 113 bis 115; Hamburger Wassergesetz: §§ 9 f., 30 bis 32; Hessisches Wassergesetz: §§ 15 ff., 38, 39; Hessisches Nachbarrechtsgesetz: § 20; Niedersächsisches Wassergesetz: §§ 2 ff., 106 bis 108; Nordrhein-Westfälisches Wassergesetz: §§ 13 ff., 43, 44; Rheinland-Pfälzisches Wassergesetz: §§ 13 ff., 41, 42; Saarländisches Wassergesetz: §§ 11 ff., 37, 38; Schleswig-Holsteinisches Wassergesetz: §§ 10 ff., 31, 32.

Dritten abzuschließen. Natürlich muß er sich dabei an die Fischereiordnungen der Länder halten.

Auch das Recht zur Wasserjagd ist grundsätzlich mit dem Eigentum am Gewässer untrennbar verbunden. Es gelten die Bestimmungen des Bundesjagdgesetzes.

4.
Umfang und Grenzen des Grundstücks

Das Grundstück ist seinem Umfang nach nicht auf einen bestimmten Teil der Erdoberfläche beschränkt. Vielmehr erstreckt sich das Eigentumsherrschaftsrecht auch auf den Raum über und unter der Erdoberfläche. Der Grundstückseigentümer kann daher auch das Erdreich unter seinem Grund und den Luftraum senkrecht darüber in Anspruch nehmen.

Das hat einmal seine Auswirkungen auf die bereits angesprochenen Grundwasserrechte, aber auch noch auf andere Dinge. Zum Beispiel können Sie Sonnenlicht und Wind auf Ihrem Grundstück nutzen – etwa zur Energiegewinnung.

Aber Ihr grundsätzlich zuerkanntes »Herrschaftsrecht an Luftraum und Erdkörper«, wie es so schön im Gesetz heißt, hat auch Einschränkungen – etwa nach dem Bürgerlichen Gesetzbuch und den landesrechtlichen Vorschriften. Dabei kann es sich sowohl um bürgerlich-rechtliche als auch öffentlich-rechtliche Beschränkungen und Begrenzungen handeln. Aus dem im Anhang aufgeführten §§ 917 BGB erkennen Sie zum Beispiel: Aus dem Gesichtspunkt der Notwegduldung ist grundsätzlich jeder Grundstückseigentümer verpflichtet, die Verlegung eines unterirdischen Abwasserkanals durch sein Grundstück zu akzeptieren, durch den Niederschlagswasser, Klärgrubenüberlauf oder sonstige Abwässer vom Nachbargrundstück abgeleitet werden sollen.

Weiter sagt § 905 BGB, daß Sie als Eigentümer keine Einwirkungen verbieten können, die in solcher Höhe oder Tiefe über beziehungsweise unter Ihrem Grundstück vorgenommen werden, daß Sie an der Ausschließung kein Interesse haben. Hintergrund: Das Nachbarrecht im engeren Sinn, nämlich die §§ 906 bis 924 BGB und das entsprechende Landesrecht, beschränkt und begrenzt das als sozialpflichtig gedachte Grundstückseigentum **nach den Seiten** hin, also zu den flächenmäßig in seiner Nachbarschaft liegenden anderen Grundstücken.

Also, hat sich der Gesetzgeber gedacht, ist es auch sinnvoll, das Grundeigentum in einer vernünftigen Weise **nach oben und unten** zu begrenzen. Nun ist das Herrschaftsrecht am Grundeigentum in all seinen Auswirkungen ein veränderliches, elastisches Recht. Deshalb sind für die Pflicht- oder Sozialbindung des Grundeigentums sowohl die Art der Benutzung des Grundstückes als auch die allgemeinen Rechts- und Verkehrsanschauungen von besonderer Bedeutung – und zwar unter besonderer Berücksichtigung der jeweiligen örtlichen Verhältnisse. Das heißt: Man muß Rücksicht auf die jeweiligen Besitzverhältnisse nehmen, da Grund und Boden nicht beliebig vermehrbar sind.

5.
Einwirkungen

Die Einwirkungen nach § 905 BGB müssen nicht nur von den direkten Nachbargrundstücken und ihren Anlagen und Einrichtungen ausgehen. Man muß sie jedoch mit den Sinnen wahrnehmen, also hören oder riechen können, oder sie müssen so geartet sein, daß sie auf das betroffene Grundstück einwirken. Und natürlich muß die Einwirkung das Grundstück in seiner Benutzung beeinträchtigen.

Hierzu ein paar wichtige Urteile:

– Die **Behinderung der Sonneneinstrahlung** durch Bäume oder Sträucher auf dem Nachbargrundstück kann nicht beanstandet werden (Landgericht und Amtsgericht Hamburg, veröffentlicht im »Hamburger Grundeigentum«, 1963, Seite 267).

– Ein Nachbar kann nicht verhindern, daß sich der angrenzende Grundstückseigentümer durch den Bau einer Terrasse auf seinem Grundstück einen **Einblick** in das Nachbargrundstück verschafft (Amtsgericht Hannover, nachzulesen in den Entscheidungen aus dem Miet-, Wohnungs- und Grundstücksrecht 1964, Seite 192, Nummer 38).

– Die Entfernung einer **Reklametafel** des Nachbarn kann verlangt werden, wenn diese in den Luftraum des eigenen Grundstücks hineinragt; diese Einwirkung auf sein Grundstück braucht ein Grundstückseigentümer nicht zu dulden. Ausnahme: Die Tafel ist so hoch angebracht, daß an ihrer Entfernung keinerlei schutzwürdiges Interesse mehr bestehen kann (Hanseatisches Oberlandesgericht Hamburg, Az. 14 W 21/68).

– Ein Grundeigentümer kann von seinem Nachbarn, auf dessen Grundstück gebaut wird, verlangen, daß ein **Baukran** so aufgestellt wird, daß dessen Schwenkbereich nicht über seinem Grundstück liegt (AG Arnsberg, Az. 14 C 381/79).

Ideelle, immaterielle und moralische Einwirkungen können Sie mit § 905 BGB übrigens nicht abwehren. Wenn Sie sich also nur ganz allgemein vor etwas fürchten, etwa vor einem Atomkraftwerk oder einer Sprengstoffabrik in Ihrer Nähe, ohne daß dieses Etwas Sie konkret beeinträchtigt, können Sie nichts tun. Wobei die Grenzen sicher nicht immer ganz einfach zu ziehen sind.

§ 905 BGB kommt auch nicht zum Tragen bei abscheulichen, unmoralischen oder anstößigen Betrieben auf Ihrem Nachbargrundstück, sofern keine konkrete Beeinträchtigung vorliegt. Es müssen also, um § 905 BGB zur Geltung zu bringen, wirklich konkrete Einwirkungen über oder unter Ihrem Grundstück stattfinden.

Beispiele:

- Einsturzgefahr für Bauten auf Ihrem Grund und Boden;
- Erhebliche Störung Ihres Rundfunk- und Fernsehprogramms;
- Verlauf elektrischer Leitungen oder Leitungen einer Drahtseilbahn über Ihrem Grundstück und zwar so, daß Sie erheblich belästigt werden und in der Benutzung des Grundstücks beeinträchtigt sind.

Ferner fallen unter den § 905 BGB: Leitungen für Telefon, Strom, Gas, Wasser und so weiter, Anlagen und Einrichtungen auf dem Nachbargrundstück, die auf Ihren Boden herüberragen wie zum Beispiel Balkone, Schutz- und Vordächer oder Erker. Unterirdischerseits können Sie sich zum Beispiel durch Kellerausbuchtungen, Tunnelbauten, unterirdische Höhlen oder unterirdische Gewässer (hier bitte auch das Wasserrecht beachten!) beeinträchtigt fühlen.

Elektrosmog

Schaden Sendetürme und Hochspannungsleitungen der Gesundheit der Anwohner? Zu der möglicherweise krebsfördernden Wirkung von elektromagnetischen Feldern und modernen Kommunikationseinrichtungen ist mittlerweile viel geschrieben worden – es gibt so viele Meinungen, wie es Untersuchungen gibt. Tatsache ist: Bis heute kann niemand mit Sicherheit beweisen, daß die Strahlungen den menschlichen Organismus nicht schädigen.

Immerhin hat das Verwaltungsgericht Gießen kürzlich einen Mobilfunksender der Telekom im Wetteraukreis vorläufig stillgelegt. Begründung: Eine Gefährdung der betroffenen Nachbarn durch die Immissionen der Sendeanlage könne nicht ausgeschlossen werden.

Wenn Sie mehr zum Thema Elektrosmog wissen wollen, empfehle ich Ihnen als Einstieg die Broschüre »Elektrosmog: Macht Strom krank?«, die Sie bestellen können bei der

Verbraucher-Initiative e. V.
Breite Straße 51
53111 Bonn.

Fraglich ist, ob Sie es dulden müssen, daß Ihr Nachbar einen unterirdischen Abwasserkanal durch Ihr Grundstück verlegt, durch den Niederschlagswasser und Klärgrubenüberlauf abgeleitet werden sollen. Diese Frage kann, falls keine landesrechtlichen Regelungen bestehen, was in einigen Bundesländern der Fall ist, gegebenenfalls unter dem Gesichtspunkt des Notwegerechts (siehe im Anhang § 917 BGB) geprüft werden.

Es hängt von (streng zu bemessenden) wirtschaftlichen Gesichtspunkten ab, ob ein Notwegerecht zu bejahen ist. Sicher besteht dieses Recht nicht, wenn ein anderer, unter Umständen auch teurerer Anschluß (zum Beispiel durch Pumpen) möglich ist, ohne daß der Nachbar Ihr Grundstück beeinträchtigt.

Es gilt übrigens auch nicht als hinreichendes Interesse an Höhe oder Tiefe Ihres Grundstücks, wenn Sie von Ihrem Nachbarn lediglich ein Entgelt dafür wollen, daß er auf Ihr Grundstück einwirkt. Ein Interesse Ihrerseits muß auch dann verneint werden, wenn Sie Leitungen, die über Ihren Grund zu einem Dritten laufen, deswegen ablehnen, weil Sie in Konkurrenz zu Ihrem Nachbarn stehen und die Leitungen, Rohre, Kabel und so weiter selbst hätten verlegen können.

Verboten ist es, die Freiheit des Luftraumes außer Kraft zu setzen und ordnungsgemäß zugelassene und betriebene in- und ausländische Luftfahrzeuge jeder Art zu behindern. Die Freiheit des Luftraums darf nämlich nur durch das Luftverkehrsgesetz, durch das Gesetz über die Bundesanstalt für Luftsicherung und durch die zur Durchführung dieser Gesetze erlassenen Rechtsvorschriften beschränkt werden.

Wenn Sie in der Nähe eines Flughafens, Landeplatzes oder Segelfluggeländes wohnen, ist für Sie sicherlich § 906 BGB von Interesse. Denn in diesem Falle haben Sie gegen den Unternehmer des Flugplatzes einen sogenannten Abwehranspruch nach § 1004 BGB, der ebenfalls im Anhang zu finden ist. Zu beachten ist, daß der Lärm, den ein Luftfahrzeug macht, nicht stärker sein darf, als es dessen ordnungsgemäße Führung oder Bedienung unbedingt erfordert.

Zurück auf den Boden der Tatsachen. Eine wichtige Rolle spielt der Begriff des **Gemeingebrauchs**, und zwar bei der Begrenzung des Eigentumsherrschaftsrechtes im Sinne der §§ 903, 905 BGB. Dieser Gemeingebrauch betrifft die sogenannten »öffentlichen Sachen«, also beispielsweise öffentliche Strände, Flüsse, Plätze, Straßen, Brücken und so weiter. Diese sind zwar meist Eigentum öffentlich-rechtlicher Körperschaften, also des Staates, des Bundeslandes oder der Gemeinden. Aber sie können auch Privatleuten gehören.

Es gibt zwei Wege, damit eine Sache »öffentlich« wird:

- durch ihre natürliche Bestimmung (wie Meeresstrände, Flußufer),
- durch ihre Bereit- oder Indienststellung zum Gemeingebrauch.

Letzteres bedeutet bei öffentlichen Plätzen, Brücken, Wasserstraßen, Wegen, Straßen und so weiter: Sie erhalten eine nach Landesrecht zu beurteilende Widmung. Zur Widmung kann es nur kommen, wenn der Wege- oder Straßeneigner zusammen mit der zuständigen Verwaltungsbehörde und dem Straßenbaupflichtigen (Bund, Land, Gemeinde und so weiter) einen öffentlich-rechtlichen Willensakt vollzieht. Auch der Widerruf der Widmung ist nur unter Beteiligung aller drei Genannten möglich. Ist ein Weg durch eine Widmung öffentlich-rechtlich geworden, können Sie als Eigentümer oder sonstiger Verfügungsberechtigter einzelne Verkehrsteilnehmer nicht von der Teilnahme am Verkehr ausschließen.

Durch die Widmung also wird, juristisch gesprochen, der Gemeingebrauch eröffnet. Das heißt: Sie können innerhalb verkehrsüblicher Grenzen (was man »Gemeinverträglichkeit« nennt) eine öffentliche Sache benutzen, die jedermann freigegeben ist, ohne besondere Zulassung im Einzelfall. Allerdings kann dieser Gemeingebrauch eingeschränkt werden, beispielsweise folgendermaßen:

Das Meeresufer, das grundsätzlich zum Gemeingebrauch gehört, kann durch einen Verwaltungsakt teilweise einem Unternehmer durch eine Konzession übertragen werden, damit der dort ein Bad errichtet.

Hinsichtlich des Gemeingebrauchs an Wasserstraßen und -läufen gelten die Wassergesetze des Bundes und der Länder.

Sicher kennen Sie das runde rot-weiße Verkehrsschild »Verbot für Fahrzeuge aller Art« mit dem weißen Zusatzschild »Anlieger frei«. Anlieger haben ein gesteigertes Interesse an öffentlichen Straßen, Wegen, Plätzen und so weiter, an die ihr Grundstück anliegt. Die **Anliegernutzung** wird daher auch »gesteigerter Gemeingebrauch« genannt. Ein besonderes Recht läßt sich daraus in aller Regel jedoch nicht ableiten.

Angenommen, Ihre Straße wird gesperrt, weil Kanalisationsarbeiten anstehen. Dann haben Sie generell keinen Anspruch auf Schadenersatz gegenüber dem Straßeneigentümer, beispielsweise der Gemeinde. Nur wenn die Anordnung der Sperre sich nicht im Rahmen des unumgänglich Notwendigen hält und Ihre lebenswichtigen Interessen auf dem Spiel stehen, haben Sie vielleicht eine Chance, Schadenersatz zu bekommen.

Außer dem Gemeingebrauch und der Anliegernutzung gibt es noch die sogenannte »Sondernutzung« öffentlicher Sachen, beispielsweise öffentlicher Straßen oder Wege. Eine solche Sondernutzung nimmt jemand in Anspruch, der auf einer solchen öffentlichen Sache zum Beispiel eine Verkaufsbude stehen hat oder ein Straßen-Café betreibt.

Aber auch die Verlegung von Straßenbahnschienen oder von Hochspannungsleitungen gehört dazu. Weil es eine **Sonder**nutzung ist, braucht man auch eine **Sonder**erlaubnis des Straßeneigentümers. Der kann vom Benutzer dann auch Miete oder Pacht kassieren.

Sondernutzungen sind beispielsweise auch das Aufstellen von Obstkisten auf dem Bürgersteig oder das Anbringen von Masten,

Leitungs- und weiteren Energieversorgungsanlagen durch ein Elektrizitätswerk.

Strittig ist die Frage, ob Straßenhandel zum Gemeingebrauch gehört oder ob der Verkauf von Druckschriften auf öffentlichen Plätzen genehmigt werden muß. Da Inhalt und Umfang des Gemeingebrauchs landes-, gebiets- und ortsrechtlich verschieden sind, kommt es hier auf Umfang und Art des Vertriebs sowie auf die örtlichen Verhältnisse, Auffassungen und Übungen an.

Ebenfalls unterschiedlich geregelt wird das Anbringen größerer Vorbauten wie Erker oder Balkone, die in die Straße hineinragen. Hier müssen Sie sich bei der Bauverwaltung Ihrer Gemeinde erkundigen, wie sie es denn gerne hätte.

Hier noch eine ausführlichere Aufstellung von Fällen des Gemeingebrauchs. In Klammern steht gegebenenfalls, wo Sie das entsprechende Urteil nachlesen können.

– Das Aufstellen (Parken) von Kraftwagen auf öffentlichen Wegen, Straßen und Plätzen, sofern sie nicht gegen den § 12 der Straßenverkehrsordnung verstoßen, der Halten und Parken regelt und der anderslautendes Ortsrecht aufhebt (Oberlandesgericht Köln, »Neue Juristische Wochenschrift«, 1962, S. 2073).

– Das Aufstellen von Fahrradständern. (Vielleicht sollten Sie sich die Faustregel merken, daß öffentliche Straßen und Wege in erster Linie dem fließenden Verkehr dienen. Er hat somit Vorrang vor dem ruhenden Verkehr.)

– Gewerbliche Reklame einschließlich Lichtreklame auf öffentlichen Straßen oder Plätzen, wenn sie sich im Rahmen der Gemeinverträglichkeit, also innerhalb der verkehrsüblichen Grenzen, hält. Der Anlieger, der in seiner Straßenreklame durch eine übermäßige Sondernutzung der Straße seitens eines Dritten beeinträchtigt wird, hat gegen den Dritten beziehungsweise den Straßeneigentümer einen Abwehranspruch, der durch die §§ 905 und 1004 BGB ausgewiesen wird (Oberlandesgericht Köln, »Neue Juristische Wochenschrift«, 1962, Seiten 302/303).

– Die Frage der Außenwerbung an Straßen, die nicht Bundesfernstraßen sind, wird in den Bestimmungen der Straßen- und Wegegesetze der Länder sowie der verschiedenen Bauordnungen geregelt.

Gemeingebrauch ist außerdem:

- das Anbringen von Schaukästen, Wirtschaftsschildern und der Sonnenschutz für Schaufenster;
- Werbefahrten mit Pkw auf öffentlichen Straßen;
- das Betanken von Kraftfahrzeugen auf öffentlichen Straßen;
- das Anbringen von Automaten (für Zigaretten, Süßigkeiten usw.) an Anliegergrundstücken ist im sogenannten Automatengesetz vom 6. Juli 1934 (nachzulesen im Reichsgesetzblatt I, 505) bestimmt.

Ob Gemeingebrauch, Anliegernutzung oder Sondernutzung: Als Berechtigter haben Sie grundsätzlich kein Recht, die öffentliche Sache wie Straßen, Wege, Gewässer und so weiter zu verschmutzen. Eine solche Benutzung ist rechtswidrig, und es gibt Gesetze, die hierzu eindeutige Bestimmungen enthalten: vor allem Sonderbestimmungen in den Straßen- und Wegegesetzen der einzelnen Bundesländer. Auch die Verpflichtung von Gemeinden zur Reinigung von Straßen ist klar definiert.

Bei schuldhaft rechtswidriger **Verunreinigung** einer öffentlichen Sache haftet der Schädiger. Diese Haftung ist besonders weitgehend, wenn es sich um die Verschmutzung von Gewässern aller Art handelt. § 22 des Wasserhaushaltsgesetzes sagt folgendes:

Erstens: Wer in ein Gewässer Stoffe einleitet oder derart darauf einwirkt, daß die physikalische, chemische oder biologische Beschaffenheit des Wassers verändert wird, ist zum Ersatz des daraus einem anderen entstehenden Schadens verpflichtet. Haben mehrere die Einwirkungen vorgenommen, haften sie als Gesamtschuldner.

Teures Geschäft

Eine Anwohnerin beobachtete ihre Nachbarin, wie diese allabendlich ihren Hund Gassi führte und das Tier seinen Haufen jedesmal auf der öffentlichen Spielwiese gegenüber absetzen durfte. Die Anwohnerin, der die Hinterlassenschaften des Vierbeiners schon lange ein Dorn im Auge waren, fühlte sich belästigt und zeigte Frauchen an.

Das Düsseldorfer Oberlandesgericht klärte zunächst die Frage, ob es sich in diesem anrüchigen Fall um eine strafbare, weil umweltgefährdende Abfallbeseitigung handele oder lediglich um einen Verstoß gegen das Abfallgesetz.

Nachdem der Hundekot nicht auf gefährliche Giftstoffe untersucht worden war, konnte die Hundehalterin nur wegen einer Ordnungswidrigkeit verurteilt werden – sie hatte Abfall außerhalb einer dafür zugelassenen Entsorgungsanlage abgelagert.

§ *Az. 5 Ss 300/900 – 128/90; in: »Neue Zeitschrift für Strafrecht« 1991, 135.*

Zweitens: Gelangen aus einer Anlage, die bestimmt ist, Stoffe herzustellen, zu verarbeiten, zu lagern, abzulagern, zu befördern oder wegzuleiten, derartige Stoffe in ein Gewässer, ohne in dieses eingeleitet oder eingebracht zu sein, so ist der Inhaber schadensersatzpflichtig. Die Ersatzpflicht tritt nicht ein, wenn der Schaden durch höhere Gewalt verursacht ist.

Die weitgehende Haftung, die § 22 des Wasserhaushaltsgesetzes vorsieht, kann auch die Eigentümer von Heizöltanks treffen – auch in privaten Haushalten. Das heißt, Sie müssen besondere Vorsichtsmaßnahmen treffen, wenn es um den ordnungsgemäßen Zustand Ihrer Anlage geht.

Wenn Sie vorhaben, Rohrleitungsanlagen zum Befördern wassergefährlicher Stoffe zu errichten (zum Beispiel Rohöl, Benzin, Diesel, Heizöl), brauchen Sie neben der etwaigen baubehördlichen Genehmigung auch eine Genehmigung der für das Wasser zuständigen Behörde.

6
Eingriff auf Eigentum – was erlaubt ist und was nicht

Eigentlich ein klarer Fall: Eingriffe in fremdes Eigentum müssen vom betroffenen Eigentümer nur dann geduldet werden, wenn die Eingriffe grundsätzlich erlaubt sind. Eine Eigentumsbeschränkung gibt es nur, wenn diese sich im Rahmen des Gesetzes hält. Doch zu beachten ist auch § 904 BGB, der sagt:

»(Notstand): Der Eigentümer einer Sache ist nicht berechtigt, die Einwirkung eines anderen auf die Sache zu verbieten, wenn die Einwirkung zur Abwendung einer gegenwärtigen Gefahr notwendig und der drohende Schaden gegenüber dem aus der Einwirkung dem Eigentümer entstehenden Schaden unverhältnismäßig groß ist. Der Eigentümer kann Ersatz des ihm entstehenden Schadens verlangen.«

Man muß also abwägen, welcher **Schaden** größer ist: derjenige des Grundstückseigentümers oder der des Einwirkenden. Ein praktisches Beispiel: Die Feuerwehr bekämpft einen Großbrand und muß dazu ihre Löscharbeiten auch auf das Nachbargrundstück ausdehnen. Dabei wird eine Mauer beschädigt, weil das Löschfahrzeug sonst nicht durchkäme. Um den Schaden des Feuers in Grenzen zu halten, kann es also notwendig sein, auf dem Nachbargrundstück eine Einwirkung vorzunehmen, die im Normalfall (also, wenn es nicht brennt) gesetzeswidrig wäre (eben die Beschädigung einer Mauer). Der Notstand (des Brandes) kann eine solche Gesetzeswidrigkeit notwendig machen. Ebenso ausdrücklich wird aber darauf hingewiesen, daß der Eigentümer in einem solchen Fall Schadenersatz verlangen kann.

Sie müssen natürlich als Grundstückseigentümer keinerlei Handlungen auf Ihrem Grundstück dulden, die **nicht** dazu dienen, eine Gefahr abzuwenden. Wenn Ihr Nachbar sein Haus verputzen will, müssen Sie ihm dafür keineswegs Ihr Grundstück zur Verfügung stellen. Muß er jedoch auf Ihren Grund und Boden, um eine Mauer oder einen Balkon vor drohendem Einsturz zu schützen, haben Sie dies zuzulassen, wenn es keine andere Möglichkeit zur Gefahrenabwendung gibt als die, Ihr Grundstück zu benützen.

Eine Einwirkung nach § 904 BGB ist übrigens auch gegeben, wenn jemand auf einem nahe gelegenen Feld mit giftigen Mitteln Schädlinge bekämpft und dadurch die Luft über Ihrem Grundstück verpestet. Es ist also gleichgültig, ob die Einwirkung von oben, von unten oder von den Seiten auf Ihr Grundstück erfolgt.

Ein weiteres Beispiel: Angenommen, auf der Straße, die an Ihrem Grundstück vorbeiführt, steuern zwei Autos aufeinander zu. Einer der beiden Fahrzeuglenker schafft es noch, auszuweichen – aber nur, indem er Ihren schönen neugestrichenen Gartenzaun demoliert. Dann holen Sie dieses Buch aus dem Schrank, halten es dem verdutzten Fahrer unter die Nase und verlangen Schadenersatz. Denn der zweite Satz von § 904 BGB berechtigt Sie dazu.

Keinen Ersatzanspruch haben Sie allerdings, wenn Sie den Notstand, der zur Einwirkung führt, selbst verschuldet haben, etwa weil Sie gemeinerweise eine Ölspur auf der Straße vor Ihrem Haus gelegt haben.

Wie schon gesagt: Man muß eine Güterabwägung treffen. Es wäre unsinnig, wenn ein Eingriff wegen eines drohenden Schadens einen noch viel größeren Schaden verursachen würde. Die Gefahr für Leib und Leben ist immer höher anzusehen als für irgendeinen Sachschaden.

Wer sich im Gebirge verirrt hat, darf selbstverständlich die Stühle einer Schutzhütte verbrennen, um sich vor dem Erfrieren zu retten. Verklagt Sie der Besitzer der Hütte – falls man Sie rechtzeitig lebend findet -, haben wir allerdings einen verzwickten Rechtsfall. Denn die Frage ist, wer eigentlich was beweisen muß:

- Sie, daß es keine andere Möglichkeit, nicht zu erfrieren, gegeben hätte, als die Möbel zu verbrennen,
- oder der Besitzer der Hütte, daß es eben doch andere Möglichkeiten gegeben hätte.

Grundsätzlich hat der Kläger (also der Hüttenbesitzer) nur darzulegen und gegebenenfalls zu beweisen:

- die Tatsache der Einwirkung,
- Ihre Willentlichkeit, also den Umstand, daß Sie in vollem Bewußtsein auf sein Grundstück eingewirkt haben,
- die Ursächlichkeit für den angerichteten Schaden,
- dessen Höhe.

Der Kläger ist in der besseren Position, weil seine Herrschaftsbefugnis über seinen Besitz grundsätzlich unbegrenzt und unbeschränkt ist, »soweit nicht das Gesetz oder Rechte Dritter entgegenstehen«. Diese Ausnahmen müssen vom Einwirkenden und somit Beklagten bewiesen werden. Die Chancen auf Schadenersatz stehen also in diesen Fällen günstig.

Teil II:
Das bürgerlich-rechtliche Nachbarrecht

1. Das nachbarliche Gemeinschaftsverhältnis

Die Gegensätze zwischen zwei Nachbargrundstücken und deren Besitzern prallen häufig aufeinander. Das ist so und das ist oft nicht zu ändern. Da muß keiner von beiden ein Bösewicht sein – jeder verfolgt eben ganz persönliche Interessen, was völlig legitim ist. Möglicherweise sind aber die Interessen genau so, daß sie den natürlichen Interessen des Nachbarn widerstreben.

Nun hat die Rechtsordnung die Aufgabe, im Interesse eines allgemeinen Rechtsfriedens einen billigen und gerechten **Ausgleich** zu schaffen. Dazu gehört auch eine gerechte Raumordnung.

Um einen gerechten Ausgleich zu schaffen, muß der nach modernem Recht denkende Mensch die Pflicht- und Sozialgebundenheit des Eigentümers ins Auge fassen, wie dies durch die Verfassung vorgeschrieben ist. Artikel 14 Absatz 2 des Grundgesetzes sagt:

»Eigentum verpflichtet. Sein Gebrauch soll zugleich dem Wohle der Allgemeinheit dienen.«

Pflichtgebundenheit heißt **Rücksichtnahme**. Zum einen auf das Allgemeinwohl, das sicherlich ein wenig abstrakt erscheinen mag. Konkreter sind da schon die Belange der unmittelbaren Nachbarn. Die haben die gleichen Rechte wie Sie, und ihre Belange sind genauso berechtigt und schutzwürdig wie die Ihren.

Die Überschrift dieses Abschnittes spricht vom »nachbarlichen Gemeinschaftsverhältnis«. Darunter versteht man die Pflicht, bei der Regelung von Interessensgegensätzen, die sich durch die Nachbarschaft ergeben, gebührende Rücksichtnahme zu üben. Das gilt für sämtliche Eigentümer und alle übrigen, die zur Grundstücksnutzung berechtigt sind. Dabei ist es egal, ob zwei oder mehrere Grundstücke in Nachbarschaft zueinander liegen.

Alles Fassade

Ein Häuslebauer streicht sein neues Heim blütenweiß an. Sein Nachbar findet diese Idee im wahrsten Sinne des Wortes »blendend«: Das Weiß sei im Sonnenlicht dermaßen grell, daß er im Wohnzimmer die Jalousien herunterlassen muß. Er verlangt einen neuen, gedämpften Außenanstrich, was sein strahlender Kontrahent übertrieben findet.

Das fand das Oberlandesgericht Düsseldorf auch. Erst wenn eine »grenzüberschreitende und allgemein sinnlich wahrnehmbare Beeinträchtigung« gegeben sei, hätte der Nachbar Recht bekommen. In diesem Fall aber wird die Blendung erst durch Sonnenschein verursacht – für das Walten von Naturkräften muß der Eigentümer wahrlich nicht den Kopf hinhalten.

§ *Az. 9 U 68/90; in: »Monatsschrift für Deutsches Recht« 1991, 57*

Rücksichtnahme heißt nicht nur, Dinge gegenüber den Nachbarn aus Rücksicht zu unterlassen, sondern möglicherweise auch, handeln zu müssen. Etwa, indem Sie Maßnahmen zu ergreifen haben, die bestimmte Einwirkungen auf das Nachbargrundstück mindern oder abzuwehren helfen. Einerseits kann der Nachbar dies einklagen. Aber andererseits muß das Handeln Ihnen natürlich auch zumutbar sein.

Ein Richter wird sich dabei zum Beispiel nach § 242 BGB richten, in dem es heißt:

»Der Schuldner ist verpflichtet, die Leistung so zu bewirken, wie Treu und Glauben mit Rücksicht auf die Verkehrssitte es erfordern.«

Das bedeutet, daß auf die §§ 906 bis 923 BGB und die landesrechtlichen Nachbargesetze die Begriffe **Treu und Glauben** angewendet werden. Normalerweise besteht zwischen Ihnen und Ihren Nachbarn kein Schuldverhältnis. Solange sich beide Seiten im Rahmen ihrer Befugnisse halten und solange keiner auf das Grundstück des/der anderen einwirkt, solange sind Ihre Beziehungen zueinander rechtlich ohne Bedeutung.

Daß zwei Grundstücke nebeneinander liegen, ist eine Tatsache, aber kein Rechtsverhältnis, solange Nachbarn schuldrechtlich oder dinglich nichts vereinbart haben, was dem einen das Recht zur Einwirkung gibt – beispielsweise durch Bestellung einer Grunddienstbarkeit. Diesen Umstand weiter auszuführen führt allerdings an dieser Stelle zu weit.

Die klassischen Fälle des nachbarschaftsrechtlichen Gemeinschaftsverhältnisses werden durch § 906 Absatz 2 BGB bestimmt. Er sieht eine positive **Pflicht zum Handeln** vor und, wenn es sein muß, auch einen **finanziellen Ausgleich** für Fälle, die **wesentliche, aber ortsübliche Einwirkungen** zum Gegenstand haben. Was damit gemeint ist, erfahren Sie im folgenden Kapitel.

2.
Lärm, Gestank und was Nachbarn sonst noch alles ärgert

Wenn Einwirkungen stören, ist der nachbarliche Friede schnell dahin. Aber was für Einwirkungen sind dies im einzelnen? Um diese Frage zu beantworten, möchte ich an den Anfang dieses Abschnittes § 906 BGB stellen, der für die Pflicht- und Sozialbindung des Grundeigentums die wichtigste Vorschrift darstellt.

»§ 906 BGB (Zuführung unwägbarer Stoffe).

1. Der Eigentümer eines Grundstücks kann die Zuführung von Gasen, Dämpfen, Gerüchen, Rauch, Ruß, Wärme, Geräusch, Erschütterungen und ähnliche von einem anderen Grundstück ausgehenden Einwirkungen insoweit nicht verbieten, als die Einwirkung die Benutzung seines Grundstücks nicht oder nur unwesentlich beeinträchtigt.

2. Das gleiche gilt insoweit, als eine wesentliche Beeinträchtigung durch eine ortsübliche Benutzung des anderen Grundstücks herbeigeführt wird und nicht durch Maßnahmen verhindert werden kann, die Benutzern dieser Art wirtschaftlich zumutbar sind. Hat der Eigentümer hiernach eine Einwirkung zu dulden, so kann er von dem Benutzer des anderen Grundstücks einen angemessenen Ausgleich in Geld verlangen, wenn die Einwirkung eine ortsübliche Benutzung seines Grundstücks oder dessen Ertrag über das zumutbare Maß hinaus beeinträchtigt.

3. Die Zuführung durch eine besondere Leitung ist unzulässig.«

Jetzt wissen wir also, was Einwirkungen sind: Gase, Dämpfe, Gerüche, Rauch, Ruß, Wärme, Geräusche, Erschütterungen und »ähnliches«. Einwirkungen müssen also sinnlich wahrnehmbar sein, sie müssen – wie ihr Name sagt – eine **Wirkung** auf das Nachbargrundstück haben.

Diese Einwirkungen im Sinne des § 906 BGB nennt man unwägbar oder, mit dem Fremdwort, Imponderabilien. Sie stehen damit im Gegensatz zu festen Körpern, wie beispielsweise Steinen, die nicht unter § 906 BGB fallen. Kleine Steinsplitter oder andere winzige feste Körper können hingegen mindestens als »ähnliche« Körper gelten.

Wildblumen frei Haus

Ihr biologisch-dynamischer Nachbar hat einen Biogarten, in dem allerlei wilde Pflanzen wachsen, blühen und gedeihen. Der Wind trägt die »Unkrautsamen« direkt in ihren Garten – dabei wollen Sie einen »englischen« Rasen ohne Löwenzahn, Klee & Co.!

Pech für Sie: Das Landgericht Karlsruhe sieht in den sogenannten pflanzlichen Immissionen »in der Regel unwesentliche Beeinträchtigungen«, die Sie dulden müssen.

Chancen auf einen erfolgreichen Rechtsstreit haben Sie erst, wenn das Nachbargrundstück völlig verwahrlost ist oder eine Schädigung durch kranke Pflanzen vorliegt.

§ *LG Karlsruhe Az. 9 S 248/83*

Zunächst ein paar allgemeine Dinge zum Thema »Einwirkungen«:

- Das Grundstück, von dem die Einwirkung ausgeht, und das, auf das eingewirkt wird, müssen nicht direkt nebeneinander liegen. Es kommt auf die Wirkung an.
- Es kommt nicht darauf an, ob die Grundstücke privaten Personen oder öffentlich-rechtlichen Körperschaften (Stadt, Gemeinde) gehören.
- Jede Einwirkung muß in einem räumlichen Zusammenhang mit dem Grundstück stehen, von dem sie ausgeht. Es ist aber gleichgültig, ob sie vom Grundstück selbst oder von seinen Anlagen oder von Menschen oder Tieren, die sich dort aufhalten, ausgeht. Auch wenn sie das nur vorübergehend tun. Beispielsweise haftet der Eigentümer eines Lokals für den Lärm, den Gäste verursachen, wenn sie an- oder abfahren.
- Es spielt keine Rolle, ob die Einwirkungen im wirtschaftlichen Zusammenhang mit der Nutzung des Grundstücks stehen, von dem sie ausgehen.
  Wenn beispielsweise der Parkplatz einer Firma als »Müllkippe« mißbraucht wird, haftet der Eigentümer des Parkplatzes, auch wenn der Unrat nicht im Zusammenhang mit den parkenden Autos steht.

Die Frage, was eine »**wesentliche Beeinträchtigung**« nach § 906 BGB ist, bereitet sicher Probleme. Was einen sensiblen Menschen stört, kann einen abgebrühten vielleicht kalt lassen. Also wird man sich am sogenannten »Durchschnittsmenschen« orientieren. Sicher muß nicht selten der Einzelfall entscheiden, ob eine »wesentliche Einwirkung« vorliegt. Da kann es eine Rolle spielen, ob die strittige Beeinträchtigung in der Nähe eines Krankenhauses, in einem Villen- oder einem Industriegebiet erfolgt. Durchaus möglich, daß – kommt es zu einem Prozeß – ein Sachverständiger eingeschaltet werden muß.

Eine wesentliche Beeinträchtigung liegt vor, wenn das Grundstück, auf das eingewirkt wird, an Wert verliert, wenn die

Lebensqualität der dort Wohnenden sinkt. Auch der Zeitpunkt der Einwirkung – beispielsweise nachts, feiertags oder am Wochenende – spielt bei dieser Frage eine Rolle. Ferner ist es von Bedeutung, ob eine störende oder lästige Anlage an einer Stelle steht, wo sie besonders störend wirkt, oder ob sie dezent verborgen ist.

»Wesentlich« ist kein feststehender Begriff, sondern er paßt sich den geänderten Umweltverhältnissen an. War zum Beispiel eine Einwirkung auf ein Weideland mehr oder weniger belanglos, so kann sie wesentlich werden, wenn daraus plötzlich Bauland wird.

Einwirkungen, die in Ausübung hoheitlicher Gewalt vorgenommen werden, sind nicht verbietbar – beispielsweise der Lärm auf einer Polizeiwache, in einer Bundeswehrkaserne, auf einem Truppenübungsplatz oder auf einer Feuerwehrwache. Hier ist, falls Sie sich belästigt fühlen, der ordentliche Rechtsweg ausgeschlossen. Sie können jedoch versuchen, eine Änderung der Verhältnisse auf dem Verwaltungsrechtsweg zu erreichen. Falls die Ausübung hoheitlicher Gewalt eine nicht ortsübliche Einwirkung nach sich zieht, haben Sie möglicherweise einen Anspruch auf Schadenersatz, der ein Verschulden des Einwirkenden nicht voraussetzt und der auch für die Zeit vor der Klageerhebung geltend gemacht werden kann (Urteil des Bundesgerichtshofes, in: »Monatsschrift für Deutsches Recht«, 1964, Seite 583).

Süßer die Glocken nie klingen ...

Kirchenglocken raubten einem Anwohner den nächtlichen Schlaf. Das Verwaltungsgericht Saarlouis gab ihm recht: Das Schlagwerk der Kirchturmuhr mußte nachts abgeschaltet werden, da das Läuten in diesen Stunden nicht der Religionsausübung diene und damit nicht hoheitlich sei (Az. 1 K 83/86).

Bei Tag betrachtet sieht die Sache ganz anders aus: Liturgisches Glockengeläut gilt nicht als Lärmbelästigung, sondern zumutbare und sozial verträgliche Einwirkung (Bayerischer Verwaltungsgerichtshof, Az. 7 C 44/81).

Führt das Zusammenwirken mehrerer Einwirkungen zu einer wesentlichen Beeinträchtigung, haben Sie einen Abwehranspruch gegenüber jeder dieser Einwirkungen. Keiner der Einwirkenden kann sich darauf berufen, daß die anderen neben oder vor ihm belangt werden müssen.

Sehen wir uns nun einmal ein paar Einwirkungen näher an.

Alarmeinrichtungen

Sie sind unzulässig, wenn Dritte erheblich gestört werden, beispielsweise durch häufiges Auslösen von Fehlalarmen (Oberlandesgericht Schleswig, Az. 4 U 192/78).

Alles unter Kontrolle

Zwei Familien in einem gemeinsamen Doppelhaus wollten genau wissen, wer bei ihnen ein- und ausgeht. Während die Müllers hierfür einen LKW-Außenspiegel vor ihrem Fenster installierten, nutzten die Meyers eine Alarmanlage mit Infrarotsensoren.

Folge: Wer auch immer den Bereich **beider** *Eingänge betrat, wurde bei Familie Meyer per Signalton gemeldet. Das stank den Müllers gehörig: Sie fühlten sich von den neugierigen Nachbarn bei Tag und Nacht auf Schritt und Tritt kontrolliert.*

Das Oberlandesgericht Hamm hielt sich in diesem delikaten Kleinkrieg diplomatisch zurück. Tatsächlich, so der Richter, werde »rund um die Uhr« in die Privatsphäre der Familie Müller eingegriffen.

Familie Meyer durfte ihre Alarmanlage fortan nur noch von Sonnenuntergang bis 7 Uhr morgens anschalten. Damit könnten aber Alarme durch späte Müller-Besucher die Meyer-Nachtruhe stören, möglicherweise Grund genug für die nächste Klage, diesmal von Meyers?

Übrigens: Gegen den ungewöhnlichen Haustür-Spion der Müllers hatte der Richter nichts einzuwenden.

§ *Az. 15 W 292/89*

Elektrizität

Elektrische Schwingungen, die zum Beispiel den Radio- und Fernsehempfang auf Ihrem Grundstück beeinträchtigen, sind Einwirkungen nach § 906 BGB. Es liegt jedoch keine Einwirkung im Sinne dieses Paragraphen vor, wenn der TV-Empfang durch den Empfangsschatten gestört wird, der von einem Gebäude, zum Beispiel einem Hochhaus, auf dem Nachbargrundstück verursacht wird. Generell haben Sie keinen Anspruch auf ungestörten Fernsehempfang. Daher können Sie auch nicht zum Beispiel auf Kosten des Hochhauseigentümers Anschluß an die Sammelantenne des Hochhauses oder sonstige Schadenersatzansprüche verlangen (Urteil des Bundesgerichtshofes, Az. V ZR 166/82). Auch Kostenersatz für einen Kabelanschluß ist nicht drin (Urteil des Amtsgerichts Charlottenburg, Az. 5 C 44/77).

Gartenabfälle

Nach dem Abfallbeseitigungsgesetz müssen Abfälle so beseitigt werden, daß das Wohl der Allgemeinheit nicht beeinträchtigt wird. Sie dürfen nur in den dafür zugelassenen Anlagen oder Einrichtungen behandelt, gelagert oder abgelagert werden. Eine Ablagerung außerhalb solcher Anlagen ist selbst dann unzulässig, wenn der Eigentümer des Grundstücks, auf dem abgelagert werden soll, einverstanden ist, hat das Oberlandesgericht Hamm festgestellt (Urteil in: »Neue Juristische Wochenschrift«, 1975, S. 1024).

Misthaufen

In ländlichen Gebieten sind Misthaufen ortsüblich, und Sie können nichts dagegen tun, sagt das Amtsgericht in der niedersächsischen Kleinstadt Esens (Az. 3 C 88/71). Wenn Ihr Nachbar hingegen diesen anrüchigen Haufen direkt an der Grundstücksgrenze plaziert, obwohl er auch anderenorts Platz dafür hätte, können Sie aufgrund unzumutbarer Belästigung dagegen vorgehen – zum einen, weil es Ihnen stinkt, zum anderen auch wegen des Ungeziefers, das ein Komposthaufen naturgemäß anlockt. So sieht es das Landgericht München (Az. 23 O 14452/86).

Müllcontainer

Ähnliches gilt auch, wenn ein Müllcontainer des Nachbargrundstücks für erhebliche Beeinträchtigungen sorgt (Gestank, Lärm, überquellender Müll). Hier können Sie verlangen, daß alles getan wird, um die Belästigungen abzustellen, sagt das Oberlandesgericht Koblenz (Az. 1 U 62/79).

Lärm

Eine der häufigsten unerwünschten Einwirkungen. Es wird kaum ein Fleckchen auf der Erde geben, an dem es total ruhig ist. Ob der Preßlufthammer auf einer Baustelle oder das Zwitschern eines Vogels im Wald, es handelt sich, objektiv gesehen, immer um Lärm.

Auch im Verhältnis zum Nachbarn spielt Lärm eine große Rolle. Die Kinder, die im Garten toben, die Stereoanlage, die dröhnt, die Party im Stockwerk darüber, der Rasenmäher am Samstagnachmittag: alles ist Lärm, Lärm, Lärm.

Nun gibt es natürlich unzählige Bestimmungen, die sich mit Lärm beschäftigen, wie die öffentlich-rechtlichen Vorschriften, die der Lärmbekämpfung dienen. Hervorzuheben wären das Bundesimmissionsschutzgesetz von 1974, diverse Landesimmissionsschutzgesetze, das Gesetz zum Schutz gegen Fluglärm und die

Tatort Terrasse

Ihr Nachbar hat die Lautsprecher seiner Stereoanlage so installiert, daß er auch auf der Terrasse seine geliebten Sportübertragungen hören kann – und Sie zwangsweise auch. Nur stehen Sie leider nicht auf Tennis und Fußball – müssen Sie nun jedes Wochenende mit »Stadion-Atmosphäre« in Zimmerlautstärke leben?

Das Münchner Oberlandesgericht entschied klipp und klar: Jeder ist verpflichtet, das Radio so leise zu drehen, daß der Nachbar nichts davon hört. Egal welche Meßwerte erreicht werden: Wenn man nebenan deutliche Radiogeräusche hört, liegt eine wesentliche Grundstücksbeeinträchtigung vor. In diesem Fall riskiert unser Sportfan einen saftigen Unterlassungsanspruch.

§ *OLG München Az.25 U 1838/91*

»Technische Anleitung zum Schutz gegen Lärm (TA Lärm)«. Sie enthält – ich zitiere leicht verkürzt – »Vorschriften zum Schutz gegen Lärm, die von den zuständigen Behörden zu beachten sind:

- bei der Prüfung der Anträge auf Genehmigung zur Errichtung einer Anlage, zur Veränderung der Betriebsstätte einer Anlage, zur wesentlichen Veränderung in dem Betrieb einer Anlage;
- bei nachträglichen Anordnungen über Anforderungen an die technische Einrichtung und den Betrieb einer Anlage.

Begriffe im Sinne dieser Technischen Anleitung:

Lärm ist Schall (Geräusch), der Nachbarn oder Dritte stören (gefährden, erheblich benachteiligen oder erheblich belästigen) kann oder stören würde.

Immission ist die Einwirkung eines von einer Anlage ausgehenden Geräusches auf Nachbarn oder Dritte.

Notfälle Soweit es zur Abwehr von Gefahren für die öffentliche Sicherheit und Ordnung oder zur Abwendung eines betrieblichen Notstandes erforderlich ist, dürfen die nachfolgenden Immissionsrichtwerte überschritten werden.

Immissionsrichtwerte

Die Immissionsrichtwerte werden festgesetzt für Gebiete,

- in denen nur gewerbliche oder industrielle Anlagen und Wohnungen für Inhaber und Leiter der Betriebe sowie für Aufsichts- und Bereitschaftspersonen untergebracht sind, auf rund um die Uhr 70 dB(A)
- in denen vorwiegend gewerbliche Anlagen untergebracht sind, auf
  tagsüber 65 dB(A)
  nachts 50 dB(A)
- mit gewerblichen Anlagen und Wohnungen, in denen weder vorwiegend gewerbliche Anlagen noch vorwiegend Wohnungen untergebracht sind, auf
  tagsüber 60 dB(A)
  nachts 45 dB(A)
- in denen vorwiegend Wohnungen untergebracht sind, auf
  tagsüber 55 dB(A)
  nachts 40 dB(A)
- in denen ausschließlich Wohnungen untergebracht sind, auf

tagsüber 50 dB(A)
nachts 35 dB(A)

- Kurgebiete, Krankenhäuser und Pflegeanstalten auf
  tagsüber 45 dB(A)
  nachts 35 dB(A)
- Wohnungen, die mit der Anlage baulich verbunden sind, auf
  tagsüber 40 dB(A)
  nachts 30 dB(A).

Die **Nachtzeit** beträgt acht Stunden; sie beginnt um 22 Uhr und endet um sechs Uhr. Die Nachtzeit kann bis zu einer Stunde hinausgeschoben oder vorverlegt werden, wenn dies wegen der besonderen örtlichen oder wegen zwingender betrieblicher Verhältnisse erforderlich und eine achtstündige Nachtruhe des Nachbarn sichergestellt ist. Kurzzeitige Geräuschspitzen sollten

- Richtwerte am Tag nicht um mehr als 30 dB(A) überschreiten,
- Richtwerte bei Nacht nicht um mehr als 20 dB(A) überschreiten,
- Immissionsrichtwerte für Wohnräume um nicht mehr als 10 dB(A) überschreiten.«

Prof. Dr. med. G. Lehmann, (Max-Planck-Institut, Dortmund) hat folgende Geräuscheinwirkungs-Einteilung vorgenommen:

1. Lärmbelästigung
   (Stufe I: Psychische Wirkung): 30 bis 60 Phon,
2. Gefährdung der Gesundheit durch Lärm
   (Stufe II: Psychische und vegetative nervliche Wirkung): 60 bis 90 Phon,
3. Schädigung der Gesundheit durch Lärm
   (Stufe III: Psychische, vegetative und otologische das Gehör betreffende Wirkung): 90 bis 120 Phon.
4. Über 120 Phon liegt die Schmerzgrenze für das Gehör.

Szenen einer Ehe

Wie würden Sie entscheiden: Kann auch ein lautstarker Ehekrach während der Nachtruhezeit die Ursache von Immissionen sein?

Nach Ansicht der Düsseldorfer Amtsrichter müssen Sie als Nachbar zwar kurze Wortgefechte als »Bestandteil kommunikativer Begegnung von Menschen, insbesondere Ehepaaren«(!) tolerieren. Dauert die Zankerei allerdings länger als eine halbe Stunde, müssen die streitbaren Ehegatten zusätzlich zum schiefen Haussegen mit einer Geldbuße wegen nächtlicher Ruhestörung rechnen.

§ *Az. 302 OWi/904 Js 708/91.*

Zur Verdeutlichung ein paar Phonzahlen:

Blättersäuseln:	10 Phon
Flüstern, Blätterrauschen:	20 Phon
Unterhaltungssprache:	40 Phon
Schreibmaschinengeräusch:	50 Phon
Schreien, U-Bahn-Geräusch:	80 Phon
Laute Hupe, Kreissäge:	90 Phon
Motorrad ohne Schalldämpfer:	100 Phon
Industrielärm in Hallen:	110 Phon
Flugzeug in wenigen Metern Entfernung:	120 Phon

Allerdings sollten derlei technische Angaben keineswegs verallgemeinert werden. So hat der Bundesgerichtshof bereits am

2. Juli 1966 erklärt, die Lästigkeit eines Geräusches, auf die es entscheidend ankomme, sei weder klar definierbar noch könne sie zahlenmäßig erfaßt werden. Die Ermittlung der Phon-Werte könne »nur einen gewissen Anhalt und einen Richtwert abgeben« (Az. V ZR 91.65).

Eine kleine Nachtmusik

Ein 1000 Watt starkes Rockkonzert im Biergarten nebenan – da übte ein entnervter Anwohner Selbstjustiz: Nachdem seine Bitten um etwas weniger Lautstärke ignoriert wurden, griff der Lärmgeplagte kurzerhand zur Schere und kappte das Verstärkerkabel. Darf der Gastwirt Schadenersatz verlangen? Das Oberlandesgericht Karlsruhe wies diese Forderung ab. Begründung: Der Anwohner habe in Notwehr gehandelt.

§ *Az. 10 U 163/91.*

Wie sich Mieter und Vermieter gegen Lärm wehren können, lesen Sie in Teil 3.

Wer sich mit dem Thema »Lärm« noch eingehender beschäftigen möchte, dem empfehle ich die Lektüre der Broschüre »Lärmstörungen – Gutachten und Lärmlexikon«. Sie ist herausgegeben vom »Zentralverband der Deutschen Haus-, Wohnungs- und Grundeigentümer«, Cecilienallee 45, 40597 Düsseldorf, und kostet 18 Mark.

Zum Thema Lärm können Sie weitere Informationen auch bei den folgenden Adressen einholen:

Deutscher Arbeitsring für Lärmbekämpfung (DAL)
Frankenstraße 25
40476 Düsseldorf

Bundesvereinigung gegen Fluglärm
Prof. Dr.-Ing. E. h. Kurt Oeser
Westendstraße 26
64546 Mörfelden-Walldorf

Gesellschaft für Lärmbekämpfung e.V.
Theodor-Heuss-Platz 7
14052 Berlin

Hier ein paar Grundsatzurteile zum Thema Lärm.

– Nervt Sie Ihr Nachbar mit seinem **Motor-Rasenmäher**? Dann weisen Sie ihn doch auf die »Rasenmäherlärmverordnung« vom 23. Juli 1987 hin (Bundesgesetzblatt I, Seite 1687).
  Diese Verordnung regelt bundesweit, wann Rasenmäher Krach machen dürfen. Grundsätzlich dürfen Rasenmäher werktags von 7 bis 19 Uhr betrieben werden. Zwischen 19 und 7 Uhr sowie an Sonn- und Feiertagen ist Rasenmähen untersagt. Ausnahme: Rasenmäher, die mit einem Schalleistungspegel von weniger als 88 Dezibel (A) bezogen auf Pikowatt gekennzeichnet sind.
  Wurde das Gerät vor dem 1. August 1987 in Verkehr gebracht, gilt ein Emissionswert von 60 Dezibel (A). Haben Sie eine solche Flüster-Maschine, dürfen Sie werktags von 7 bis 22 Uhr Ihren Rasen scheren.
  Neben dieser bundeseinheitlichen Regelung sollten Sie sich bei Ihrer Gemeinde nach der örtlichen Lärmschutzsatzung

oder Bestimmungen erkundigen, die möglicherweise zum Schutz besonders empfindlicher Gebiete erlassen wurden.

- Lärmbelästigungen durch eine **Aufzugs- oder Fahrstuhlanlage** müssen durch geeignete Maßnahmen auf das entsprechend heutigen Schutzbestimmungen zulässige Maß verringert werden, hat das Amtsgericht Schöneberg entschieden (Az. 3 C 39/80).
- Keine **Diskothek** kann sich darauf berufen, daß der von ihr ausgehende Lärm ortsüblich sei – nicht einmal in einem Gewerbegebiet. Denn durch technische Möglichkeiten können Diskotheken und Gaststätten so isoliert werden, daß keine störenden Geräusche nach außen dringen. Das Oberverwaltungsgericht Koblenz gab in diesem Sinne dem Widerspruch des Nachbarn gegen eine Baugenehmigung statt (Az. 8 A 69/86).
- Eine nahe **Feuersirene**, die Lärm bis zu 110 Dezibel erzeugt, muß nicht geduldet werden. Ein Betroffener, der aus Angst vor den Heultönen krankhaft nervös wurde und kaum noch eine Nacht schlief, klagte bis zum Bundesverwaltungsgericht. Mit Erfolg: Wenn die Gemeinde einen anderen Standort für die Sirene findet, so muß sie dort montiert werden. Gibt es keine Alternative, kann der Kläger Schallschutzfenster auf Kosten der Gemeinde einbauen lassen (Az. C 33/87).
- **Radio und Fernsehen** dürfen lediglich so laut eingestellt werden, daß sie in der Nachbarwohnung nicht zu hören sind, sagt das Landesimmissionsschutzgesetz von Nordrhein-Westfalen, § 10, über die Zimmerlautstärke. »Zimmerlautstärke« ist sicher ein subjektiver Begriff. Doch dem Landgericht Berlin genügen bereits Zeugenaussagen, die von Ruhestörung sprechen. Es müssen, so die Berliner Richter, gar nicht immer DIN-, Phon- oder Dezibelwerte sein, auf die sich der Beschuldigte berufen kann. Selbst außerhalb von Ruhezeiten dürfen die Geräte nur so laut gestellt werden, daß sie in den an-

deren Wohnungen nicht oder kaum noch wahrnehmbar sind (Az. 13 O 2/87).

- Ein endloses Thema ist der Krach, den **Kinder** nun einmal machen. Lesen Sie hierzu bitte Kapitel 2 in Teil 3.
- Zum Lärm von **Tieren** lesen Sie bitte das nächste Kapitel.

Wasser

Auch Wasser vom Nachbargrundstück kann auf Ihr Grundstück störend einwirken. In dieser Hinsicht wollen wir uns mit dem feuchten Element ein wenig näher auseinandersetzen. Wasser zählt laut Gesetz zu den festen Körpern. Der Gesetzgeber hat es aber im Sinne des § 906 BGB den Gasen, Dämpfen, Gerüchen, Rauch, Ruß, Wärme, Geräusch oder Erschütterungen gleichgeachtet. Wenn es ums Wasser geht, wird es rechtlich kompliziert. Denn hier greifen die Wassergesetze sowohl der Länder, des früheren Deutschen Reiches und auch des Bundes ein.

Von besonderer Bedeutung für die nachbarlichen Wasserrechtsverhältnisse sind die Bestimmungen der Landeswassergesetze über das sogenannte »wild abfließende Wasser«. Diese Landeswassergesetze sagen, daß der Eigentümer oder Nutzungsberechtigte eines tiefer liegenden Grundstücks grundsätzlich verpflichtet ist, das Wasser aufzunehmen, das von einem höher gelegenen Grundstück aufgrund natürlicher Bodenverhältnisse zufließt, wenn es außerhalb eines Wasserlaufs daherkommt.

Sie haben also gegen derart wild abfließendes Wasser keinen Abwehranspruch nach §§ 903 und 1004 BGB. Als wild abfließendes Wasser gilt solches, das auf dem höher gelegenen Grundstück entspringt oder sich natürlich ansammelt und wegen des natürlichen Gefälles auf das tiefer gelegene Grundstück abfließt, ohne einen Wasserlauf oder ein Bett zu bilden.

Grundsätzlich verbieten die Wassergesetze, daß der natürliche

Abfluß oder Zufluß wild fließenden Wassers geändert wird. Wer also auf dem höher gelegenen Grundstück zu Hause ist, darf nicht durch eine künstliche Anlage den Abfluß des wild fließenden Wassers so ändern, daß seinem Nachbarn auf dem tiefer gelegenen Grundstück mehr Wasser zufließt als ohne solche Anlagen. Hingegen darf er Anlagen bauen, die so konstruiert sind, daß

Nachbarschafts-Zwist anno 1771

Der Müller Johann Arnold aus dem Dorf Pommerzig konnte die Pacht für seine Mühle nicht mehr aufbringen, weil ihm ein oberhalb der Mühle gelegener Karpfenteich das Wasser entzog.

Doch der Richter kannte kein Erbarmen; die Mühle wurde versteigert. Da wandte sich der um seine Existenz gebrachte Müller an keinen Geringeren als König Friedrich den Großen. Der hob das Urteil eigenhändig auf, ließ sogar die Richter verhaften und verurteilte sie zu Schadenersatz für Müller Arnold. Seine (vielleicht nicht ganz uneigennützige) Begründung: »Es ist ja wider alle Vernunft in der Sache zu Werke gegangen; denn nimmt man dem Müller das Wasser weg zum Karpfenteich, und kann er nicht mahlen, so kann er auch nicht seine Abgaben entrichten ...«

dem tiefer wohnenden Nachbarn überhaupt kein wild fließendes Wasser mehr zugeleitet wird.

Auf der anderen Seite darf der »unten« wohnende Nachbar den Zufluß nicht künstlich so ändern, daß das wild fließende Wasser auf das höher gelegene Grundstück zurückgestaut wird. Verändert sich der Abfluß des wild abfließenden Wassers durch natürliche Ereignisse oder durch Umstände, die weder der »oben« noch »unten« wohnende Nachbar zu vertreten haben, muß der in diesem Fall Benachteiligte dies grundsätzlich hinnehmen. Er hat allerdings das Recht, auf seine Kosten den alten Zustand wiederherzustellen, was wiederum der andere Nachbar dulden muß.

Wenn Sie auf einem tiefer gelegenen Grundstück wohnen, müssen Sie nicht in jedem Fall das wild fließende Wasser aufnehmen. So haben Sie die Möglichkeit der Entschädigung, wenn Sie dieses Wasser bestenfalls durch erhebliche Kosten weiter abführen können. Außerdem kann die zuständige Wasserbehörde eine künstliche Veränderung von Zu- oder Abfluß des wild fließenden Wassers anordnen, wenn das Allgemeinwohl, sprich: die Wasserwirtschaft und der öffentliche Verkehr, dies erfordern. Falls diese Anordnung eine Enteignung bedeutet, haben Sie natürlich ein Recht auf Entschädigung.

Wie sieht nun die Sache aus, wenn das Wasser nicht wild fließt, sondern als Überschwemmungswasser aus Wasserläufen oder Stauanlagen auf Ihr Grundstück schwappt? Diese Fälle regeln die einzelnen Landeswassergesetze. Generell kann man sagen: Die Eigentümer der betroffenen Grundstücke können von den Eigentümern des Wasserlaufs oder der Stauanlage geeignete Maßnahmen verlangen, damit die Überschwemmung verhindert wird. Allerdings können Sie als Grundstückseigentümer nicht verlangen, daß Wasserlauf/Stauanlage beseitigt werden, wenn diese von besonderer Bedeutung für das Allgemeinwohl sind. Dies gilt auch beispielsweise für eine höher gelegene Straße, über die möglicherweise Wasser auf Ihr Grundstück eindringt.

Vor allem im ländlichen Bereich spielt das sogenannte Recht der **Dachtraufe** bisweilen eine gewisse Rolle. Dieses Recht bedeutet nicht, daß Sie Regenwasser, das von Ihrem Dach trauft, munter aufs Nachbargrundstück plätschern lassen dürfen. Sondern man geht vielmehr davon aus, daß Sie als Grundstückseigentümer Ihr Haus so weit von der Grundstücksgrenze entfernt gebaut haben, daß das Wasser vom Dach noch auf Ihren eigenen Grund und Boden fällt – und zwar sowohl nach der Straße als auch nach dem Nachbargrundstück hin. (Nebenbei: Baurechtlich sind Sie dazu auch verpflichtet!)

Lassen Sie uns zwei Fälle unterscheiden:

1. Das Regenwasser sammelt sich in der Dachrinne Ihres Hauses. Diese Rinne ist auf der einen Seite länger als das Dach. Das gesammelte Wasser fällt auf das Grundstück Ihres Nachbarn. Auf diese Weise beeinträchtigen Sie ihn in seinem Grundeigentum, was er nicht dulden muß. Ihr Nachbar kann notfalls durch Klage erzwingen, daß Sie Ihre Dachrinne verkürzen. Oder daß Sie das Wasser durch ein Rohr von der Dachrinne ableiten und auf diese Weise von seinem Grundstück fernhalten. Diese Logik ergibt sich aus § 1004 BGB.

2. Das Wasser tropft oder läuft wie im ersten Fall von der Dachrinne herunter. Aber nicht auf den Grund Ihres Nachbarn, sondern auf Ihren eigenen. Wenn es jetzt auf das Nachbargrundstück läuft, handelt es sich, wie vorher behandelt, um den natürlichen Abfluß des Wassers von einem höher gelegenen Grundstück. Ihr Nachbar muß den Abfluß also dulden. Allerdings darf er dadurch nicht belästigt werden.

Im übrigen haben die einzelnen Bundesländer, was das Recht der Dachtraufe betrifft, durchaus voneinander abweichende Gesetze. Vielleicht sollten Sie sich am ehesten nach § 905 BGB richten, der sich mit der Begrenzung des Eigentums befaßt. Eine eigene Vorschrift über das Traufrecht kennt das BGB allerdings nicht.

Wasser, das normalerweise niemand gern auf seinem Grundstück hat, es sei denn zur Düngung, ist **Abwasser**. Wie der Name sagt, handelt es sich um Wasser, das sich auf einem Grundstück ansammelt, nicht mehr verwendet werden kann und abgeleitet werden soll. Die Abwässer des Nachbarn brauchen Sie weder nach den Bestimmungen des § 906 BGB noch nach denen der Wassergesetze aufzunehmen. Denn Abwässer sind kein wild abfließendes Wasser, das aufgrund von irgendwelchen natürlichen Boden- oder Geländeverhältnissen auf Ihr Grundstück fließt.

Grundsätzlich haben Sie einen Anspruch auf Abwehr der Abwässer nach §§ 903 und 1004 BGB. Aber Ausnahmen bestätigen die Regel. Beispiel: § 917 BGB. Der befaßt sich mit Notwegen. Und da kann es sein, daß Sie im Rahmen dieser Notwegduldung die Verlegung eines unterirdischen Abwasserkanals durch Ihr Grundstück hinnehmen müssen, durch den Niederschlagwasser, Klärgrubenüberlauf oder sonstige Abwässer vom Grundstück Ihres Nachbarn abgeleitet werden sollen. Entscheidend sind wirtschaftliche Gesichtspunkte, und da gibt es strenge Maßstäbe. Denn eigentlich ist Ihr Nachbar gehalten (oder Sie, falls Sie Abwässer ableiten wollen), seinen Abwasserkanal an die öffentliche Kanalleitung anzubinden, ohne das angrenzende Grundstück zu beeinträchtigen.

3.
Tiere – des einen Freud, des andern Leid

Nun zu den häufigsten nachbarrechtlichen Streitigkeiten rund ums Tier. Manchmal leben Nachbarn wie Hund und Katz miteinander, wobei nicht selten Hund und Katz der Grund für diese Streitereien sind. Um Ihnen die Übersicht zu erleichtern, spreche ich in diesem Kapitel auch Fälle an, die nicht im »klassischen« Sinn Einwirkungen sind.

Tip: Lesen Sie, wenn Sie Mieter oder Vermieter sind, auch Kapitel 3 in Teil 3, ab Seite 125.

Und nun zu einzelnen Tierarten. Der Ordnung halber habe ich bei der Auswahl eine alphabetische Reihenfolge gewählt.

Bienen

Diese verhältnismäßig kleinen Tiere werden zu den Immissionen nach § 906 BGB gezählt, weil ihr Einflug praktisch nicht zu vermeiden ist.

Bringt Bienenflug nur eine unwesentliche Beeinträchtigung mit sich, ist er zu dulden. Entscheidend ist die Nutzung des beeinträchtigten Grundstücks. Bienen auf einer Wiese werden wesentlich weniger Unheil anrichten als in einem Kindergarten – wenn wir mal davon ausgehen, daß ihre Haltung in beiden Fällen ortsüblich ist.

Ortsüblich und damit grundsätzlich zu dulden ist Bienenhaltung in ländlichen Gebieten, in einer Gartensiedlung und in einem Siedlungsgebiet. Nicht geduldet werden muß Bienenhaltung in Stadtgebieten oder reinen Wohngegenden. Leiden Sie nachweislich an einer Bienenallergie, haben Sie Anspruch auf Unterlassung beziehungsweise Beseitigung (Landgericht Ellwangen, Az. 1 S 48/85-10).

Sie sind als Nachbar natürlich auch berechtigt, den Einflug der Bienen durch geeignete Maßnahmen einzudämmen oder zu verhindern. Der Eigentümer der Bienen hingegen hat einen Anspruch auf Schadenersatz, wenn die Tiere vorsätzlich oder fahrlässig getötet werden – eine Tat, die jedoch im Einzelfall durch § 228 BGB (Notstand) gerechtfertigt sein kann.

Zu beachten ist die Verordnung über bienenschädliche Pflanzenschutzmittel, die im Bundesanzeiger 1950, Nr. 131, veröffentlicht ist. Danach muß der Eigentümer des Grundstücks bei der Schädlingsbekämpfung auf Bienen besondere Rücksicht nehmen. So ist es verboten, blühende Bäume oder Sträucher sowie andere von Bienen beflogene blühende Kulturpflanzen mit bienenschädlichen Pflanzenschutzmitteln zu behandeln. Vor und nach der Blüte darf in unmittelbarer Nähe (30 Meter) von Bienenständen die Schädlingsbekämpfung nur außerhalb der täglichen Bienen-Flugzeit und nach Benachrichtigung des Imkers durchgeführt werden. Vom Imker kann, je nach Gegebenheit, verlangt werden:

- daß bei einem Bienenhaus, das nahe an der Grenze zum Nachbargrundstück steht, die Ausfluglöcher nicht in die Richtung dieses Grundstücks gehen;
- daß ein Grenzabstand von mindestens fünf bis sechs Metern eingehalten wird, wenn das Grundstück ausreichend groß ist;
- daß zum Nachbargrundstück hin eine Hecke oder ein Maschendrahtzaun errichtet wird, und zwar mit einer Mindesthöhe von 2 bis 2,5 Metern.

Wenn Sie selbst mit dem Gedanken spielen, Bienen zu halten, oder wenn Sie dies bereits tun, sollten Sie den Begriff der Bienenhaftung kennen. So besagt § 833 BGB (Haftung des Tierhalters):

»Wird durch ein Tier ein Mensch getötet oder der Körper oder die Gesundheit eines Menschen verletzt oder eine Sache beschädigt, so ist derjenige, welcher das Tier hält, verpflichtet, dem Verletzten den daraus entstehenden Schaden zu ersetzen. Die Ersatzpflicht tritt nicht ein, wenn der Schaden durch ein Haustier verursacht wird, das dem Beruf der Erwerbstätigkeit oder dem Unterhalt des Tierhalters zu dienen bestimmt ist, und entweder der Tierhalter bei der Beaufsichtigung des Tieres die im Verkehr erforderliche Sorgfalt beobachtet oder der Schaden auch bei Anwendung dieser Sorgfalt entstanden sein würde.«

Wenn durch ein Haustier ein solcher Schaden angerichtet worden ist, muß der Tierhalter beweisen, daß die oben angesprochene Sorgfalt gewahrt wurde. Gelingt der Beweis, ist der Halter für den Schaden nicht haftbar.

Aber jetzt kommt der springende Punkt: Handelt es sich **nicht** um ein Haustier, so ist dieser Entlastungsbeweis ausgeschlossen.

Das heißt: Der Tierhalter haftet, auch wenn ihn keinerlei Verschulden trifft. Nach einer reichsgerichtlichen Entscheidung sind Bienen keine Haustiere im Sinne des § 833 BGB, da der Bienenhalter keine genügende Verfügungsmacht über sie hat. Auf gut deutsch: Bienen tun allein, was sie wollen.

Das hat zur Folge, daß der Bienenhalter für jeden Schaden haftet, den seine Tiere verursachen, auch wenn er die entsprechenden Vorkehrungen zur Schadensvorbeugung getroffen hat. Allerdings muß der Geschädigte beweisen, daß es die Bienen dieses und nicht die eines anderen Imkers waren, die den Schaden verursacht haben. Sicher kein ganz einfach zu führender Beweis. Aber andererseits ist jeder Bienenhalter gut beraten, eine Haftpflichtversicherung abzuschließen.

Fliegen

Die Belästigung durch Fliegen, die vom Nachbargrundstück herrühren – zum Beispiel von einem dort befindlichen Misthaufen, Kuhstall oder einer Schafherde –, fallen ebenfalls unter § 906 BGB, da die Tiere sehr klein sind und ein Fernhalten nicht möglich ist.

Frösche

Quakende Frösche lassen Nachbarn gelegentlich vor Gericht ziehen. Wer sich durch diese Töne um den Schlaf gebracht sieht, hat heutzutage Pech. Noch im Jahre 1910 entschied das Reichsgericht zugunsten des um seine Ruhe gebrachten Nachbarn: Eine Beseitigung der Störung könne vor allem dann verlangt werden, wenn sie in einem künstlichen, von Menschen geschaffenen Teich lebten (Az. V 319/09). Doch andere Zeiten, andere Sitten: 1984 sagte das Landgericht Hanau, eine Lärmbelästigung durch Frösche aus einem Nachbarteich sei aus Naturschutzgründen hinzunehmen (Az. 2 S 343/84). Und das Oberlandesgericht Schleswig bestärkte die hessischen Kollegen noch: Zum einen gehe Arten- und Naturschutz vor dem Bedürfnis nach Ruhe, zum anderen entfalte sich der Lärm nur bei geeigneter Witterung über wenige Wochen im Jahr (Az. 5 U 202/84).

Geflügel

Hühner, Enten, Gänse und ähnliches Hausgeflügel fallen nicht unter § 906 BGB. Sie müssen diese nicht in Ihrem Garten dulden, sondern können die Tiere verjagen und abwehren. Allerdings müssen Sie mit einer Schadenersatzforderung des Tierhalters rechnen, wenn Sie dabei Schaden anrichten. Andererseits sind Sie schadenersatzberechtigt, wenn das Federvieh auf Ihrem Grundstück sich nicht ordnungsgemäß verhält. In so einem Fall dürfen Sie die Tiere behalten, bis der Schaden beglichen ist. Sie haben dabei aber für eine ordnungsgemäße Fütterung zu sorgen. Legt das Federvieh auf Ihrem Grundstück Eier, dürfen Sie diese übrigens nicht behalten!

Krähende **Hähne** hingegen werden vor Gericht nicht ganz so nachsichtig behandelt wie Frösche. Diese Geräuschentwicklung (gemessen wurden bis zu 70 Dezibel), stellt nach Auffassung mehrerer Gerichte eine wesentliche Störung der Nachbarn dar, die bis hin zur Gesundheitsschädigung reiche. Die Halter der Tiere werden nach fast allen Urteilen dazu verdonnert, dafür Sorge zu tragen, daß ihre Schreihälse zumindest während der Ruhezeiten den Schnabel zu halten haben. Urteile zu diesem Thema: Oberlandesgericht Hamm, Az. 22 U 265/87 und Landgericht München I, Az. 23 O 14452/86 beziehungsweise Az. 30 O 1123/87. Bezug genommen wird dabei unter anderem auf § 1004 BGB, der da lautet:

»Beseitigungs- und Unterlassungsanspruch:

(1) Wird das Eigentum in anderer Weise als durch Entziehung oder Vorenthaltung des Besitzes beeinträchtigt, so kann der Eigentümer von dem Störer die Beseitigung der Beeinträchtigung verlangen. Sind weitere Beeinträchtigungen zu besorgen, so kann der Eigentümer auf Unterlassung klagen.

(2) Der Anspruch ist ausgeschlossen, wenn der Eigentümer zur Duldung verpflichtet ist.«

In einer Villengegend wird nachbarliche Grundstücknutzung bei Hühnerhaltung übrigens nur unwesentlich beeinträchtigt, wenn sie nicht gleich zu einer regelrechten Hühnerzucht ausartet. Gegen eine Handvoll Hühner jedenfalls hat das Landgericht Kiel in diesem Fall nichts einzuwenden (Az. 8 S 37/65). In Mietwohnungen kann Hühnerhaltung hingegen völlig untersagt werden, entschied das Amtsgericht Charlottenburg (Az. 11 C 84/85).

Das Tag und Nacht andauernde Geschnatter von **Gänsen** durch einen Gänsemastbetrieb in der Nachbarschaft gilt als unzumutbare Beeinträchtigung, sagte bereits 1917 das Reichsgericht (Az. V 360/16).

Teurer Schreihals

*Ein Ehepaar klagte gegen den Nachbarn, dessen **Pfau** ihnen mit seinem heftigen Geschrei ab 3 Uhr nachts den Schlaf raubte.*

Das Landgericht Frankfurt verurteilte den Vogelfreund dazu, sein Federvieh von 22 bis 7 Uhr ruhig zu halten und in einen abgeschlossenen Raum unterzubringen.

§ *Az. 9 W 19/87*

Hunde

Es ist zumutbar, daß der Hund des Nachbarn gelegentlich bellt. Wenn sich das Gekläffe jedoch über mehrere Stunden hinzieht oder gar über den ganzen Tag, muß das nicht hingenommen werden, hat das Amtsgericht Wiesbaden geurteilt (Az. 96 C 935/86). Laut diesem Urteil kann die hundehaltende Familie gesamtschuldnerisch verpflichtet werden, künftige Störungen der Nachbarschaft zu unterbinden.

Was bedeutet nun »gelegentliches Bellen«? Nach einem Urteil des Verwaltungsgerichts Stade dürfen's Hunde höchstens eine halbe Stunde täglich tun, nicht länger als 10 Minuten am Stück; und dies nur in der Zeit von 8 bis 13 Uhr und von 15 bis 19 Uhr (Az. A 188/88).

Hunde, die trotzdem ohne erkennbaren Anlaß, öfters und länger kläffen, dürfen von 19 bis 8 Uhr und zwischen 12 und 15 Uhr nicht in den Garten (Oberlandesgericht Hamm, Az. 22 U 265/87 und 22 U 249/89).

Katzen

Haustiere sind in aller Regel so zu halten, daß sie die Nachbarn nicht wesentlich stören. Keine Frage: In diesem Bereich werden Richter besonders oft bemüht – und sie haben es alles andere als leicht. So entscheiden sie auch ganz unterschiedlich. Das Amtsgericht Passau vertrat beispielsweise die Auffassung, daß das Betreten eines Grundstücks durch zwei Katzen einen störenden Eingriff in das Grundeigentum darstelle (Az. 11 C 708/82). Das Landgericht Nürnberg-Fürth meinte hingegen, der Freilauf von zwei Katzen sei zumutbar (Az. 11 S 7844/84). Auch das Landgericht Augsburg entschied, das Eindringen von Katzen in fremde Grundstücke sei aus dem Gesichtspunkt des nachbarschaftlichen Verhältnisses zu dulden, selbst wenn sie dort Vögel jagen (Az. 4 S 2099/84).

Wie auch immer: Wenn die Katze Ihres Nachbarn Schaden bei Ihnen anrichtet, haben Sie ein Recht auf Schadenersatz. Gegebenenfalls muß er auf die Haltung des Tieres verzichten. Sie können in so einem Fall das Tier auch fangen, müssen es aber ordnungsgemäß pflegen, füttern und daran denken, daß es nicht nur Nachbarrecht, sondern auch Tierschutz gibt. Gleiches können Sie auch von Ihrem Nachbarn verlangen, wenn es sich um

Ihre Katze handelt, die er womöglich auf dem Balkon erwischt hat ...

Rinder

Gegen muhende Rindviecher auf dem Land läßt sich wenig ausrichten. Deren Lärm ist ortsüblich. Läßt er sich jedoch durch einfache, wirtschaftlich zumutbare Maßnahmen reduzieren, können Sie das verlangen, sagt das Landgericht Darmstadt (Az. 17 S 493/77). Auch das Gebimmel von Kuhglocken auf dem Land stellt keine wesentliche Beeinträchtigung dar; es wird nach Auffassung des Landgerichts Freiburg im allgemeinen nicht als störend empfunden (Az. 3 S 188/75).

Schädlinge und Ungeziefer

Hat Ihr Nachbar einen Betrieb oder einen Hof, auf dem sich **Mäuse und Ratten** angesammelt haben, muß er selbstverständlich alle Maßnahmen ergreifen, damit diese nicht aufs Nachbargrundstück eindringen. Sie müssen die Tiere weder dulden noch in Kauf nehmen. Sie müssen nicht einmal Maßnahmen gegen sie ergreifen. Machen Sie Ihren Nachbarn auf seine Verkehrssicherheitspflicht nach § 823 BGB aufmerksam. Hier heißt es:

§ 823 BGB (Schadenersatzpflicht): »Wer vorsätzlich oder fahrlässig das Leben, den Körper, die Gesundheit, die Freiheit, das Eigentum oder ein sonstiges Recht eines anderen widerrechtlich verletzt, ist dem anderen zum Ersatze des daraus entstehenden Schadens verpflichtet.«

Wer als Mieter Mäuse, Kakerlaken, Silberfischchen oder ähnliches Getier in der Wohnung hat, kann die Miete von zehn Prozent auf dem Land (Amtsgericht Rendsburg, Az. 3 C 551/87) bis zu 100 Prozent in der Stadt (Amtsgericht Bonn, Az. 6 C 277/84) mindern. Oder er kann fristlos kündigen (Landgericht Freiburg, Az. 3 S 1/85).

Gefährliche und wilde Tiere

Was man unter »gefährlichen Tieren einer wildlebenden Art« juristisch zu verstehen hat, definiert das Bundesgesetz über Ordnungswidrigkeiten. Danach wird die Gefährlichkeit eines Tieres durch seine Art bestimmt (§ 121; 24. Mai 1968, Fassung vom 30. August 1990). Eine **Klapperschlange** ist also immer gefährlich, auch wenn sie keine Giftzähne mehr hat.

Wenn Sie demnach giftige **Vogelspinnen** oder **Kampfhunde** halten wollen, brauchen Sie erst einmal die Erlaubnis Ihrer Gemeinde. Dort wird entschieden, ob Sie ein berechtigtes Interesse nachweisen können, gegen Ihre Person keinerlei Bedenken bestehen und Leben, Gesundheit, Eigentum und Besitz der Nachbarn nicht gefährdet werden.

Auch das **Frettchen** ist kein Haustier, das Sie ohne weiteres in der Wohnung halten dürfen. Wird Ihr Nachbar durch den sprichwörtlichen Gestank des kleinen Jägers belästigt, kann er seine Miete um ein Drittel mindern (Amtsgericht Köln Az. 201 C 457/87).

Wer ein gefährliches Wildtier (oder bösartiges Haustier, etwa einen bissigen Hund) frei herumlaufen läßt und Vorsichtsmaßnahmen unterläßt, muß mit einer empfindlichen Geldbuße rechnen.

4.
Gefahr vom Nachbargrundstück und was Sie dagegen tun können

Nach § 907 BGB können Sie verlangen, daß Ihr Nachbar keine Anlagen herstellt oder hält, deren Bestand oder Benutzung mit Sicherheit eine unzulässige Einwirkung auf Ihr Grundstück zur Folge hat. Keine solchen Anlagen sind Bäume und Sträucher, auf die wir noch zu sprechen kommen, sondern gemeint sind künstliche, von Menschen geschaffene Werke von gewisser Selbständigkeit und Beständigkeit, von denen Stoffe (§ 906 BGB) ausgehen können, die in der Lage sind, auf ein Grundstück einzuwirken.

Eine Anlage im Sinne von § 907 BGB muß also vier Voraussetzungen erfüllen:

- sie muß künstlich sein;
- sie muß von Menschen willentlich hergestellt oder unterhalten werden;
- sie muß eine gewisse Selbständigkeit und Beständigkeit haben;
- sie muß geeignet sein, aufgrund von wahrnehmbaren Stoffen beeinträchtigend auf ein Nachbargrundstück einzuwirken.

Sind diese vier Voraussetzungen erfüllt, ist es unwichtig, aus welchem Stoff eine solche Anlage besteht. Generell geht man davon aus, daß es sich um Bauwerke handelt, zum Beispiel:

- Abdeckereianlagen;
- Bedürfnisanstalten;
- Erd- und Sandaufschüttungen, die in Bewegung geraten und

auf diese Weise schädigend auf ein Nachbargrundstück einwirken;
- Dunggruben;
- Schutthalden;
- Viehställe jeder Art;
- Verkaufswagen, die auf einem Grundstück zu bestimmten Zeiten als Verkaufsstelle benutzt werden, beispielsweise Imbißwagen;
- Backöfen;
- Rauchfänge;
- Heizungs- und Feuerungsanlagen und anderes mehr.

Hier ein paar Urteile:
- Quietschende, laut zuschlagende Deckel und Gestank eines **Müllcontainers** auf dem Nachbargrundstück sind eine erhebliche Belästigung. Sie können verlangen, daß der Nachbar Abhilfe schafft (Oberlandesgericht Köln, Az. 1 U 62/79).
- Auch wenn Sie in einer landwirtschaftlich genutzten Region wohnen: Den ekelerregenden Gestank einer **Nerzfarm** müssen Sie nicht hinnehmen. Sie können verlangen, daß der Betrieb eingestellt wird (Oberlandesgericht Köln Az. 1 U 38/62).
- Abgase, Gerüche oder Rauch, die von einer **Ölheizungsanlage** ausgehen, müssen Sie als Nachbar nicht dulden. Sie können darauf bestehen, daß diese Störungen beseitigt werden (Oberlandesgericht Düsseldorf, Az. 9 U 83/75).
- Fühlen Sie sich als Nachbar einer **Sportanlage** für Schulen und Vereine übermäßig durch Lärm gestört? Sie können grundsätzlich darauf bestehen, daß die Anlage an Sonn- und Feiertagen ab 19 Uhr geschlossen wird. So jedenfalls entschied das Bundesverwaltungsgericht (Az. 7 C 77/87).

Nicht unter § 907 BGB fallen Bäume, Sträucher und ähnliches Gewächs, zum Beispiel Weinstöcke oder Hecken. Dabei könnten sie theoretisch durchaus darunterfallen. Denn im Grunde genommen könnten sie alle vier Kriterien erfüllen, die eine Anlage im Sinn des Gesetzes erfüllen muß – zum Beispiel künstlich angelegte Gärten, die mit ihrem Geruch oder ihren Geräuschen (knarrende Äste) durchaus beeinträchtigend wirken können. Doch für Bäume und Sträucher gibt es eigene Gesetze, nämlich §§ 910 BGB und auch 923 BGB, sowie die Landesrechte, vor allem beim Abstand, der zwischen Gewächs und Nachbargrundstück einzuhalten ist.

Diese Problematik ist gewiß eine der schwierigsten und meiststrapazierten, wenn es ums Nachbarrecht geht. Aber dazu gleich mehr.

Nicht unter § 907 BGB fallen auch Anlagen, die dem Nachbargrundstück »lediglich« Sicht, Licht oder Luft entziehen, ohne selbsttätig oder in ihrer Verwendung durch den Menschen einzuwirken, sowie Anlagen, die **ideelle, moralische oder unmaterielle** Einwirkungen ausüben, die in Ihnen also Furcht, Abscheu, Ekel erregen, ohne daß es zu stofflichen, das heißt sinnlich wahrnehmbaren Einwirkungen kommt. Solche Anlagen sind beispielsweise Leichenschauhäuser, Bordelle, baulich unschöne oder verkommene Häuser und ähnliches. Wenn neben der »ideellen, moralischen oder unmateriellen« Einwirkung noch Einwirkungen im Sinne von § 906 BGB hinzukommen, ist das allerdings etwas anderes.

Gleichlautende Urteile zur Prostitution in Wohnungen von Eigentums-Wohnanlagen (s. Kasten) fällte auch das Bayerische Oberste Landesgericht (BReg 2 Z 103/86, BReg 2 Z 110/84).

Auch der Betrieb von **Spielsalons** in als »Laden« ausgewiesenen Räumen einer Eigentumswohnanlage beeinträchtigt die Miteigentümer. Das Oberlandesgericht Saarbücken meint hierzu: Es »zeigt die Lebenserfahrung, daß Spielhallen Treffpunkte auch weniger seriöser Personen sind; dadurch kann es zu Belästigungen

Pech für Pretty Woman

Callgirls als Nachbarn? Zwei Etagen eines größeren Wohnblocks waren an Prostuierte vermietet worden. Ein Ehepaar, Eigentümer einer Wohnung, verlangte die sofortige Kündigung der Damen – die Gesamtheit der Wohnungseigentümer erlaubte jedoch den ***Callgirl-Service****. Entrüstet zog das Paar vor Gericht – mit Erfolg?*

Ja. Das Oberlandesgericht Hamm vertrat die Ansicht, daß die Liebesdienste auf zwei Etagen den »Charakter des Eigentums als Wohnhaus« wesentlich beeinträchtige. Durch den regen Publikumsverkehr und das Interesse von Personen aus dem Rotlichtmilieu sahen die Richter sogar eine Gefahr für die Bewohner.

§ *Oberlandesgericht Hamm, Az. 8 U 119/91*

der Miteigentümer kommen. Schließlich trifft auch die Ansicht zu, die zunehmende Zahl der in den letzten Jahren vor allem in den Innenstädten eingerichteten Spielhallen werde in weiten Kreisen der Öffentlichkeit negativ beurteilt. (...)

Dieses negative Urteil über die zunehmende Zahl der Spielsalons sowie den Teil der Besucher, die von der Spielsucht ›befallen‹ sind, führt – selbst wenn diese Einschätzung in weiten Teilen der Bevölkerung möglicherweise zu Unrecht vorgenommen wurde – jedenfalls zu einer Abwertung des Wohnumfeldes und damit zu einer wirtschaftlichen Beeinträchtigung der Wohnungseigentümer« (Oberlandesgericht Zweibrücken, Az. 3 W 99/87).

Saustreß im Stall

Ein Bauer hatte einen Schweinestall auf seinem Hofgrundstück. Eines schönen Tages fuhr ein Nachbar im PKW vorbei – und verursachte einen Unfall. Der Krach beim Aufprall des Wagens habe, so der Bauer, seine Schweine in helle Panik versetzt, einige Tiere seien sogar gestorben. Er verlangte Schadenersatz für die Schweinerei ...

Andere Richter, andere Urteile: Das Landgericht Kleve wies die Klage des Bauern zunächst ab, doch die nächsthöhere Instanz – das Oberlandesgericht Düsseldorf – gab dem Landwirt recht.

Das letzte Wort hatte der Bundesgerichtshof: Der PKW-Fahrer mußte nichts zahlen. Der Schaden sei nämlich darauf zurückzuführen, daß die armen Schweine durch die »Massentierhaltung ungewöhnlich empfindlich und aggressiv« gewesen seien.

§ *Bundesgerichtshof Az. VI ZR 6/91*

»Anlage« oder nicht? Im folgenden ein paar Zweifelsfälle rund um den § 907 BGB:

Maschinen fallen nur dann unter dieses Gesetz, wenn sie nicht frei bewegbar sind. Leicht zu transportierende Geräte wie Radios sind keine Anlagen im Sinne von § 907 BGB, können jedoch wegen ihrer Einwirkungen mit § 906 BGB in Verbindung gebracht werden.

Bienenstöcke sind ebenfalls keine Anlagen, außer wenn sie für eine bestimmte Dauer fest mit dem Boden verbunden und somit nicht frei bewegbar sind.

Kommen wir zu den Gefahren eines **drohenden Gebäude- oder Werkeinsturzes**. Was ein Gebäude ist, haben wir bereits definiert. Ein **Werk** im Sinne des § 908 BGB ist ein Gegenstand, der einem bestimmten Zweck dient, mit dem Erdboden (nicht unbedingt auf Dauer) in Verbindung steht und in seiner Gesamtheit nicht von einer Stelle zur anderen bewegt werden kann.

- Werke sind beispielsweise Mauern, Brunnen, zementierte Zäune, Kanäle, unterirdische Rohrleitungen, Masten einer Starkstromanlage, ein Bahndamm nebst Gleisen, Staudämme, Schleusen.
- Teile eines Gebäudes oder Werkes sind Dachaufsätze und Dachziegel, Fenster, Fensterläden, Fensterscheiben, Fahnenstangen, Firmenschilder, Fußböden, Verputz, Telegrafenstangen, Treppen, Torflügel.
- Als Einsturz wird das Zusammenbrechen des ganzen Gebäudes oder Werkes bezeichnet.
- Als Ablösung gilt die Trennung oder Lockerung von Teilen mit dem Ganzen nach den Gesetzen der Schwerkraft.

Gefahr der Beschädigung Ihres Grundstucks droht nach dem Gesetz, wenn nach Lage der Dinge für einen normalen Menschen mit der Möglichkeit dieser Beschädigung aufgrund des Zustands des nachbarlichen Gebäudes oder Werkes zu rechnen ist. Es darf also nicht nur eine vage Möglichkeit in irgendeiner fernen Zukunft bestehen, oder es darf kein Hirngespinst von Ihnen sein.

Als Beschädigung wird die mechanische Einwirkung auf das betroffene Grundstück definiert. Bedroht kann jedes Grundstück sein, das in Reichweite der Einsturz- oder Ablösegefahr liegt.

Nach § 908 BGB haben Sie einen Anspruch darauf, daß Ihr Nachbar Maßnahmen ergreift, die zur Abwendung der Gefahr führen. Das muß nicht unbedingt gleich eine Beseitigung des betreffenden Gebäudes sein.

Falls Sie aufgrund von Notstandsrecht (§ 228 BGB) oder Selbsthilferecht (§ 229 BGB) selbst die erforderlichen Abwehrmaßnahmen ergreifen, haben Sie nur dann Anspruch auf Aufwendungsersatz, wenn Interesse und Wille des Anspruchsgegners vorliegen.

5. Das Grenzrecht

Die Grenze trennt zwei nebeneinanderliegende Grundstücke. Aber da sie von sich aus ja nicht sichtbar ist, wird sie durch Grenzzeichen, in der Regel durch Grenzsteine, Zäune, Mauern und so weiter getrennt. Diese Begrenzungsmerkmale dürfen nun aber nicht so mir nichts, dir nichts in die Landschaft gesetzt werden. Sondern hierfür sind gesetzlich zuständige Personen oder Behörden da – nämlich Vermessungsämter, Flurbereinigungsämter oder Feldgeschworene.

Eine knifflige Sache ist die **Hofeinfahrt**, die von zwei Nachbarn genutzt wird. Wenn sie genau auf der Grenze liegt, gehört sie zu den oben beschriebenen gemeinschaftlichen Grenzanlagen mit all den rechtlichen Folgen. Befindet sich die gemeinsame Hofeinfahrt aber völlig auf Ihrem Grundstück oder auf dem Ihres Nachbarn, so ist sie keine Grenzanlage, sondern im Besitz eines einzigen. Wenn Sie der Besitzer sind, können Sie aber trotzdem nicht Ihrem Nachbarn stehenden Fußes und mit sofortiger Wirkung die Einfahrt verwehren. Denn er könnte eine im Grundbuch eingetragene Grunddienstbarkeit besitzen, die ihm die Durchfahrt erlaubt.

Ist dies nicht der Fall, können Sie ihm die Durchfahrt allerdings nach einer angemessenen Kündigungsfrist verbieten. Man nennt das im Juristendeutsch »ein schuldrechtliches Rechtsverhältnis zur Beendigung bringen«. Dieses Rechtsverhältnis ist in diesem Fall eine kostenlose Gestattung in Form einer sogenannten »Leihe«. Diese Leihe können Sie kündigen, wenn Sie als Verleiher »infolge eines nicht vorhergesehenen Umstandes der verliehenen Sache« bedürfen (§ 605 BGB).

Und dann gibt es auch noch den Fall, daß eine Hofeinfahrt ein selbständiges Grundstück mit eigener Flurnummer darstellt. Sie können sich beim Grundbuchamt informieren, ob das zutrifft. Wenn ja, stammt die Einfahrt meistens aus der Zeit vor Inkrafttreten des BGB, also vor 1900. Ferner wird das besagte Einfahrtsgrundstück vermutlich mit Grunddienstbarkeiten zugunsten der beiden Anliegeranwesen belastet sein. Das heißt: Jeder der beiden Nachbarn besitzt das Fahrrecht und kann es gegen Störungen verteidigen.

Noch wesentlich häufiger als über Hofeinfahrten streiten Nachbarn sicherlich über **Zäune**. Jeder Zaun ist dazu da, um ein Grundstück einzufrieden. Es gibt nun mehrere Arten von Einfrie-

Mauerbau zu Hannover

Ein schlichter Jägerzaun hatte viele Jahre treue Dienste als Grenze zwischen zwei Grundstücken geleistet. Da bekam er eines Tages unerwartet Verstärkung: Ein Nachbar baute unmittelbar vor den Holzzaun eine 1,80 hohe Mauer. Da der andere Nachbar damit Durchblick verloren hatte, klagte er vor Gericht.

Die Klage wurde abgewiesen. Abschottungen bis 1,80 Höhe sind auch ohne Zustimmung des Nachbarn erlaubt.

§ *Landgericht Hannover, Az. 20 S 151/89*

dungen, die auch rechtlich verschieden zu beurteilen sind: lebende Zäune (Hecken), mechanische Zäune (Holz, Eisen, Draht, Beton und so weiter) oder Elektrozäune.

Nun kann der Zaun unter verschiedenen rechtlichen Gesichtspunkten behandelt werden:

- Baurechtlich: Ist für die Errichtung eines Zaunes eine behördliche Genehmigung erforderlich?
- Nachbarrechtlich: Kann der Angrenzer bei der Errichtung des Zaunes verlangen, daß ein Grenzabstand eingehalten wird? Ist der Angrenzer ferner verpflichtet, bei späteren Reparaturarbeiten oder vollständigen Ausbesserungen die Kosten mitzutragen?

Nun ist es auch hier so, daß das Zaunrecht in der Bundesrepublik nicht einheitlich geregelt ist. Vor allem im Baurecht und hinsichtlich der Grenzabstände gibt es unterschiedliche Regelungen. Generell kann man sagen: Eine behördliche Genehmigung für die Errichtung eines Zaunes kann erforderlich sein nach Baurecht und/oder nach Naturschutzrecht. Im Zweifelsfall sollten Sie bei der entsprechenden Behörde nachfragen. Ob Sie mit Ihrer Einfriedung einen Grenzabstand einhalten müssen, läßt sich ebenfalls nicht auf Anhieb sagen. Da gilt es, nach zwei Zaungruppen zu unterscheiden:

- Zäune, die an öffentliche Straßen angrenzen,
- Zäune, die an Privatgrundstücke angrenzen.

Liegt Ihr **Grundstück an einer öffentlichen Straße** und wollen Sie es an der Straßenseite einzäunen, müssen Sie aus Gründen der Verkehrssicherheit einen Abstand einhalten. Wie groß der sein muß, ist von Bundesland zu Bundesland verschieden. Handelt es sich um eine Bundesstraße, sind Zäune unzulässig, soweit sie die Verkehrssicherheit durch Sichtbehinderung beeinträchtigen. Das gleiche gilt sinngemäß natürlich auch für Kreis- und Gemeindestraßen.

Wenn Sie Ihr **Grundstück an der Grenze zu einem anderen Privatgrundstück** einzäunen wollen, können Sie sich nach dem Rechtssatz richten, daß jeder sein Grundstück nach Belieben nutzen und benutzen darf, soweit nicht das Gesetz oder die Rechte Dritter entgegenstehen (§ 903 BGB). Das bedeutet, daß das Grundstück unmittelbar an der Grenze ohne Einhaltung eines Grenzabstandes mit einem Zaun versehen werden kann. Ausnahmen: gesetzliche Bestimmungen oder besondere Rechte des Nachbarn, die einen Grenzabstand vorschreiben. Dieses besondere Recht könnte in einer Grunddienstbarkeit oder einer schuldrechtlichen Vereinbarung bestehen.

Haben Sie und Ihr Nachbar einen **gemeinschaftlichen Zaun** – das heißt: der Zaun steht direkt auf der Grenze und gereicht beiden Grundstücken zum Vorteil –, so hat dies nach § 922 BGB verschiedene Rechtsfolgen: Beide Nachbarn dürfen den Zaun benutzen; sie haben die Unterhaltskosten zu gleichen Teilen zu tragen; jede Änderung oder Beseitigung des Zauns setzt das Einverständnis beider Nachbarn voraus.

Erkundigen Sie sich bitte bei Ihrer Gemeindeverwaltung, ob es sich bei Ihrem Zaun um einen gemeinschaftlichen Zaun mit dem Nachbarn handelt, nicht daß es Ärger gibt, falls zum Beispiel Ihr Nachbar nicht damit einverstanden ist, wenn Sie einen neuen Maschendraht ziehen wollen.

Eine besondere Rolle spielt der **Elektro-Weidezaun**, wenn auch weniger im Nachbarrecht als vielmehr im Haftpflichtrecht. Angenommen, Sie haben eine Weide und die Tiere durchbrechen eines Tages Ihren Elektrozaun, laufen auf die Straße und verursachen einen Verkehrsunfall: Sie haften nun für den Schaden, den die Tiere durch Tötung oder Verletzung eines Menschen oder durch Sachbeschädigung anrichten (außer bei Haustieren, die dem Beruf, der Erwerbstätigkeit oder dem Unterhalt des Tierhalters dienen, sofern er beweisen kann, daß er bei Beaufsichtigung der Tiere die im Verkehr erforderliche Sorgfalt hat walten lassen). Die entsprechende Bestimmung finden Sie in § 833 BGB.

Seit längerer Zeit hat sich die Rechtsauffassung durchgesetzt, daß der Elektrozaun ein den Verkehrserfordernissen entsprechender Weidezaun ist. Er muß jedoch laufend auf seine Betriebssicherheit überprüft werden, wenn der Tierhalter nicht in umfangreiche Haftungen gelangen will.

Bei Feld-Grundstücken spielen **Grenzsteine** eine wichtige Rolle. Als Grundeigentümer sind Sie verpflichtet, diese Grenzsteine instand zu halten und sorgfältig zu schonen, wenn Sie Ihr Grundstück bestellen. Wird der Grenzstein beschädigt oder geht er verloren, müssen Sie innerhalb von acht Tagen Ihrer Gemeindeverwaltung Anzeige erstatten. Bei klaren Grenzen gibt es keine Probleme. Ist der **Grenzverlauf** hingegen unklar, sollte schleunigst etwas getan werden.

Normalerweise kann man drei Fälle von unklaren Grenzen unterscheiden:

1. Der Grenzverlauf ist bekannt und unbestritten, aber die Grenzsteine fehlen oder sind durch äußere Einwirkungen unkenntlich geworden oder wurden verschoben, das heißt, sie stehen nicht mehr an ihrem ursprünglichen Platz. Hier ist die Abmarkung gemäß § 919 BGB erforderlich. Sie obliegt dem zuständigen Vermessungsamt. Feldgeschworene hingegen werden in folgenden Fällen tätig: zum Heben, Senken und Aufrichten von Grenzsteinen und zu deren Wiederherstellung, wenn durch Unterlagen zweifelsfrei die ursprüngliche Lage des Grenzzeichens festgestellt werden kann. Sie selbst können die Abmarkung vornehmen lassen, ohne das Einverständnis des Nachbarn einzuholen. Denn er muß sie kraft Gesetz dulden. Die Kosten haben beide Nachbarn zu gleichen Teilen zu tragen. Ausnahmen: Die Nachbarn haben eine andere Abmachung getroffen oder

einer der Grundstückseigentümer ist aufgrund einer unerlaubten Handlung allein erstattungspflichtig. Wenn bei der Abmarkung die Grenze als bekannt und feststehend angenommen wird, aber einer oder beide Eigentümer bestreiten sie, oder wenn ein Eigentümer behauptet, die Abmarkung stimme mit der einwandfrei feststehenden Grenze nicht überein, kann man gegen die Abmarkung den Rechtsweg einschlagen.

2. Der Grenzverlauf wird von der einen oder anderen Seite bestritten, läßt sich aber feststellen. Wenn über den Grenzverlauf Meinungsverschiedenheit herrscht, können Sie oder Ihr Nachbar oder beide eine Neuvermessung beim Vermessungsamt beantragen. Diese aufgrund der Unterlagen des Amtes ermittelte Grenze ist nur dann bindend, wenn beide Parteien sie anerkennen. Diese Anerkenntnis kann ausdrücklich erklärt oder stillschweigend hingenommen werden. Die Anerkenntnis beider Eigentümer hat rechtlich die gleiche Bedeutung wie ein Gerichtsurteil: Sie und Ihre Rechtsnachfolger sind an die Neuvermessung gebunden. Hat sich durch die Vermessung eine Größenänderung der Grundstücke ergeben, trägt sie das Grundbuchamt im Grundbuch ein.

3. Der Grenzverlauf wird bestritten und läßt sich nicht mehr feststellen. Ist die Grenze sowohl strittig als auch nicht zu ermitteln, kann statt einer Neuvermessung eine Grenzscheidungsklage erhoben werden. Zuständig ist in aller Regel das Amtsgericht, da der Streitwert normalerweise weniger als 5000 Mark beträgt. § 920 BGB (Grenzverwirrung) sagt, daß der Richter entweder nach dem bisherigen Besitzstand oder durch Halbierung der strittigen Fläche oder nach billigem Ermessen entscheiden kann. Diese Grenzscheidungsklage ist nur dann zu empfehlen, wenn eine Neuvermessung stattgefunden hat und Sie oder Ihr Nachbar das Ergebnis nicht anerkennen. Denn nun muß ein Gericht, an dessen Urteil beide Parteien gebunden sind, entscheiden.

Nun sind Grenzen ja nicht nur durch Grenzsteine sichtbar, sondern es kommt nicht selten vor, daß auf diesen Grenzen etwas steht, was beiden Nachbarn zum Vorteil dient. Das nennt man **Grenzeinrichtungen oder Grenzanlagen**. In § 921 BGB werden beispielsweise Zwischenräume, Raine und Feldraine, der Winkel (auch enge Reihe genannt), Gräben, Mauern, Hecken und Planken genannt. Aber auch gemeinsame Dachrinnen, Dungstätten, Brunnenanlagen oder Hofeinfahrten können Grenzeinrichtungen sein. Voraussetzung ist natürlich, daß die Einrichtung auf der Grenze steht und daß beide Grundstücke einen dauernden Nutzen davon haben. Das Gesetz geht davon aus, daß diese Einrichtungen beiden Grundeigentümern gemeinsam gehören. Das bedeutet: Beide dürfen sie benutzen. In einem Rechtsstreit hat das Gericht das gemeinschaftliche Nutzungsrecht festzustellen. Dies kann allerdings widerlegt werden, wenn ein Grundstückseigentümer sein alleiniges Nutzungsrecht beweist, beispielsweise durch eine Grunddienstbarkeit zu seinen Gunsten.

Eine gemeinschaftliche Grenzeinrichtung hat rechtliche Folgen:

- Die Einrichtung darf von beiden Grundeigentümern nur gemäß ihrer Zweckbestimmung benutzt werden, und zwar so, daß die Mitbenutzung durch den anderen nicht beeinträchtigt wird.
- Die Unterhaltungskosten sind von beiden Seiten gleichermaßen zu tragen.
- Die Einrichtung darf nur in beiderseitigem Einvernehmen geändert oder beseitigt werden (§ 922 BGB).

6. Bäume und Sträucher

Ich denke, unzählige gutnachbarliche Beziehungen sind deswegen in die Brüche gegangen, weil man Streit über die Frage bekam, welcher **Abstand von der Grundstücksgrenze** beim Anpflanzen von Bäumen und Sträuchern eingehalten werden muß. Diese Streitigkeiten haben sicherlich auch ihre Ursache darin, daß die gesetzlichen Bestimmungen über Grenzabstände im Landesrecht enthalten, also nicht einheitlich geregelt sind. Nicht einmal alle Bundesländer haben überhaupt gesetzliche Vorschriften, die sich über den Abstand von Bäumen und Sträuchern von der Nachbargrenze aussprechen. So fehlen diese etwa in Hamburg oder Bremen. Die existierenden Regelungen finden Sie im Anhang dieses Buches.

Auch im Bürgerlichen Gesetzbuch gibt es keine Regelung über den Grenzabstand von Bäumen und Sträuchern. Aber § 910 BGB hat immerhin den sogenannten **Überhang** geregelt, sprich: die Zweige vom Baum Ihres Nachbarn, die auf Ihr Grundstück ragen. Und natürlich auch die **Wurzeln**.

Ich habe bereits davon gesprochen, daß bei den Grenzen des Grundstücks auch der darüberliegende Luftraum betroffen ist (siehe § 905 BGB). Das bedeutet: Äste vom Baum des Nachbarn, die auf Ihr Grundstück herüberragen, befinden sich im Bereich Ihres Eigentums. Und wenn diese Äste Sie beeinträchtigen, können Sie verlangen, daß sie beseitigt werden. Ob diese Äste Sie **wirklich** beeinträchtigen, hängt etwa davon ab, wie Sie

Ihr Grundstück nutzen und ob Ihnen Sonnenlicht entzogen wird.

Nehmen wir an, Sie haben einen überaus gepflegten Hausgarten und der Baum des Nachbarn steht an dessen Südgrenze. Dann nimmt er Ihnen wegen seiner Schattenfläche die Mittagssonne. Und dann können Sie davon ausgehen, daß der Überhang der Äste auch eine Beeinträchtigung darstellt. Sie wollen nun, daß diesem Zustand ein Ende bereitet wird. Stellen Sie daher Ihrem Nachbarn eine »angemessene Frist« (§ 910 BGB), also kein dreitägiges Ultimatum, in der er die Äste abzutrennen hat. Angemessen ist eine Frist, wenn die Beseitigung nicht innerhalb der Wachstumsperiode oder einer Zeit starken Arbeitsanfalls verlangt wird.

Wenn Ihr Nachbar nicht reagiert, dürfen Sie zur Selbsthilfe schreiten, die Äste abschneiden und diese sogar noch behalten. Aber Achtung! In vielen Orten gibt es kommunale Baumschutzsatzungen, die das Abschneiden von Ästen, Wurzeln und so weiter untersagen. Diese Satzungen haben Vorrang vor dem Recht aus § 910 BGB, hat das Oberlandesgericht Düsseldorf entschieden (Az. 9 U 228/87). Ehe Sie zur Säge greifen, sollten Sie also unbedingt bei Ihrer Kommunalverwaltung anrufen und sich nach eventuell bestehenden Baumschutzsatzungen erkundigen.

Auch wenn keine solche Satzung existiert: Mäßigen Sie sich! Die Äste dürfen nur an der Grenze und nicht etwa am Stamm des Baumes abgeholzt werden. Wenn Sie Ihr Selbsthilferecht nicht überschreiten und wenn kein unsachgemäßes Vorgehen vorliegt, geht die Abtrennung der Äste auf Gefahr des Baumeigentümers.

Hat sich Ihr Nachbar entschlossen, die Äste selbst abzusägen, sind Sie nicht verpflichtet, ihm das Betreten Ihres Grund und Bodens zu gestatten. Wenn Sie sich weigern, bleibt ihm nichts anderes übrig, als von seinem eigenen Grundstück aus zu versuchen, die Zweige zu entfernen. Die feine englische Art wäre Ihr Verhalten aber nicht.

Natürlich kann der Nachbar Ihnen genauso das Betreten seines Grundstücks verwehren, wenn Sie im Rahmen des Selbsthilferechts zu Axt und Säge greifen, um die strittigen Äste zu entfernen. Aber ich wünsche Ihnen beiden, daß solche Spitzfindigkeiten nicht nötig sind, um dieses Problem zu lösen.

Von den Ästen zu den Wurzeln. Hier gilt dasselbe Prinzip: Sie müssen Baumwurzeln, die in Ihr Grundstück eingedrungen sind, nicht dulden, wenn diese Sie beeinträchtigen und beispielsweise den Ertrag des Bodens mindern oder Ihre schöne Terrasse »knacken«. Asphaltaufbrüche auf Ihrem Grundstück, etwa in der Garage oder der Zufahrt, sind nach Auffassung des Oberlandesgerichts Köln erhebliche Störungen, die Sie nicht hinzunehmen brauchen (Az. 13 U 113/88).

Sie dürfen die Wurzeln übrigens abschneiden und abhauen, ohne dem Nachbarn eine Frist zur Abtrennung zu setzen. Natürlich kann es sowohl bei Wurzeln als auch bei Zweigen der Fall sein, daß sie Ihr Grundstück nur **teilweise** beeinträchtigen. In diesem Fall dürfen sie Ihr Selbsthilferecht nicht rücksichtslos wahrnehmen, sondern nur soweit, wie wirklich eine Beeinträchtigung vorliegt. Überschreiten Sie Ihre Befugnisse, machen Sie sich schadenersatzpflichtig. Sie dürfen nicht zur Axt greifen und hemmungslos Äste und Wurzeln kappen, nur um Ihren Nachbarn zu ärgern.

Übrigens unterliegt das Recht auf Abtrennung der Verjährung nach 30 Jahren. Die Frist beginnt, wenn der Überhang zum erstenmal das Nachbargrundstück beeinträchtigt. Einst galt die Auffassung, daß der Anspruch auf Beseitigung überhaupt nicht verjähre, doch dieser Meinung hat sich der Bundesgerichtshof nicht angeschlossen. Die Verjährung beginnt auch dann nicht von vorne, wenn der Grundstückseigentümer wechselt.

Angenommen, Sie haben jetzt drei Tage geschuftet, sich beim Abhacken des störenden Überhangs einen gediegenen Muskelkater geholt und wollen nun diese Arbeit von Ihrem Nachbarn honoriert haben. Mehr als ein müdes Lächeln werden Sie zu Recht allerdings kaum ernten. Als einzige Entlohnung steht Ihnen wie schon erwähnt zu, daß Sie die abgesägten Äste oder Wurzeln behalten dürfen.

Wenn nun nicht nur die Zweige, sondern möglicherweise **ein Teil des Baumstammes** auf Ihr Grundstück ragt, weil er beispielsweise schief gewachsen ist, sollten Sie besser nicht zur Kreissäge greifen, denn in diesem Fall gilt das Recht auf Abtrennung nicht. Hier sollten Sie gemäß § 1004 BGB auf Beseitigung des herüberragenden Baumes klagen.

Dasselbe gilt, wenn Zweige nicht frei über Ihrem Grundstück hängen, sondern in Ihr Mauerwerk eingedrungen sind.

Nicht aufs Selbsthilferecht berufen können sich Mieter, Pächter oder Nießbraucher eines Grundstücks, außer der Eigentümer hat ihnen die Ausübung dieses Rechtes überlassen.

§ 903 BGB gibt Ihnen das Recht, auf Ihrem Grundstück so viele Bäume und Sträucher zu pflanzen, wie es Ihnen Spaß macht, selbst wenn Sie dem Grundstück Ihres Nachbarn Licht, Luft und Sonne entziehen. Denn weder die Tatsache, daß Bäume und Sträucher dem Nachbargrundstück Sonne entziehen, noch, daß deren **Blüten und Blätter** aufs Nachbargrundstück fallen, ist eine unzulässige Einwirkung im Sinne des Gesetzes. Demnach hat Ihr Nachbar keine Chance, wenn er auf Beseitigung der Bäume und Sträucher klagt. So sagt etwa das Oberlandesgericht Düsseldorf: Die Entziehung von Licht und Luft durch Bäume kann nicht abgewehrt werden (Az. 4 U 18/79).

Wer sich nun über fallendes Laub aus Nachbars Garten ärgert und auf Beseitigung des störenden Baumes klagt, hat ebenfalls meist schlechte Karten. Solche Klagen sind fast immer abgewiesen worden. Wenigstens haben Gerichte dem Nachbarn gelegentlich bei starken Beeinträchtigungen Schadenersatz für dessen Mehrarbeit zugesprochen. So das Landgericht Lübeck (Az. 14 S 122/85) und das Oberlandesgericht Karlsruhe (Az. 6 U 150/82).

Die überwiegenden Urteile der Gerichte laufen jedoch darauf hinaus, daß aufgrund des veränderten Umweltbewußtseins Beeinträchtigungen durch Laub, Blütenteile oder Samen »Teil des

Alles Gute kommt von oben

60 Stunden jährlich, so rechnete eine Nachbarin, müsse sie sich plagen, zentnerweise Laub zusammenzuharken und fortschaffen zu lassen, das von den Bäumen auf dem Nachbarsgrundstück in ihren Garten wehte. Sonst wäre ihre Dachrinne laufend verstopft gewesen. Die Dame verlangte einen finanziellen Ausgleich für die Schufterei. Der Nachbar entgegnete, er hätte die uralten Bäume längst fällen lassen, wenn ihm dies die städtische Baumsatzung erlaubt hätte. Tat sie aber nicht, also müsse er auch nichts zahlen. Wer bekam recht?

Nach dem Urteil des Oberlandesgerichts Frankfurt bekam die Frau keinen Pfennig. Zwar hätte der Baumbesitzer für die wesentlichen Einwirkungen grundsätzlich zahlen müssen. Da dieser jedoch wegen der Baumsatzung die alten Bäume gegen seinen Willen stehen lassen mußte, habe er keine Möglichkeit gehabt, an der Situation etwas zu ändern. Die Nachbarin mußte also im Rahmen der Sozialbindung des Eigentums auch weiterhin fleißig garteln. Ob sich der Nachbar nicht vielleicht doch in irgendeiner Weise höflich und kulant gezeigt hat, ist mir leider nicht bekannt.

Herbstes und damit des menschlichen Lebens« seien und entschädigungslos hingenommen werden müssen.

Nur wenn Ihr Nachbar sein Grundstück völlig **verwahrlosen** läßt, können Sie sich dagegen wehren. Ein- bis zweimal im Jahr, so meinen die Gerichte, muß gemäht werden (Urteile: Amtsgericht Tecklenburg, Az. 5 C 598/78, beziehungsweise Landgericht Bonn, Az. 8 S 211/87). Auch die Beseitigung von Brennesseln können Sie laut Beschluß des Oberlandesgerichts Koblenz verlangen (Az. 1 W 31/71). Wenn lediglich Grassamen vom Nachbargrundstück auf Ihren gepflegten englischen Garten herüberweht, können Sie im Prinzip wenig dagegen tun (Urteile: Oberlandesgericht Frankfurt, Az. 14 U 124/86; Oberlandesgericht Düsseldorf, Az. 9 U 47/88; Landgericht Aachen, Az. 10 O 619/86; Landgericht Karlsruhe, Az. 9 S 248/83; Landgericht Saarbrücken, Az. 11 S 363/86; Landgericht Dortmund, Az. 9 U 47/88).

Das Oberlandesgericht Köln sagt sogar, daß nicht einmal die Tatsache, daß bei besonders starken Windböen Äste aufs Nachbargrundstück fallen, ein Grund zur Beseitigung eines Baumes sein muß. Im speziellen Fall ging es um eine betagte, aber gesunde Pappel. Das Gericht vertrat die Auffassung, daß eine Beseitigung des Baumes nur die letztmögliche Lösung sei. Könne durch andere Maßnahmen – wie etwa entsprechende Baumpflege – für Abhilfe gesorgt werden, dürfe der Baum nicht abgeholzt werden (Az. 13 U 113/88).

Der Grenzbaum

Ein Baum oder Strauch, der auf der Grenze steht, ist Miteigentum beider Nachbarn. Keiner der beiden Nachbarn darf gegen den Willen des anderen Wurzeln oder Zweige abschneiden. Jeder kann aber verlangen, daß Baum oder Strauch entfernt wird. Die Kosten der Beseitigung fallen beiden Nachbarn zu gleichen Teilen zu. Der Nachbar, der die Beseitigung verlangt, muß aber die Kosten allein tragen, wenn der andere Nachbar auf seine Rechte am Baum/Strauch verzichtet.

Wer es einfacher haben will, sollte im Interesse gutnachbarlicher Beziehungen Bäume und Sträucher so weit von der Grundstücksgrenze entfernt anpflanzen, daß auch in späteren Jahren mit einer Beeinträchtigung des Nachbarn durch Überhänge oder Wurzeln nicht gerechnet werden muß. Falls Sie Zweifel über die örtlich bestehenden Vorschriften über den Grenzabstand von Bäumen und Sträuchern haben, kann Sie in aller Regel Ihre nächstgelegene Baumschule beraten.

Hier noch eine Einschätzung zum Thema und ein Rat von Oberlandesgerichtsrat Dr. Hugo Glaser in dem von ihm mitverfaßten juristischen Lehrbuch »Das Nachbarrecht in der Praxis«:

»Diese Darstellung ... zeigt, daß dieses kleine Rechtsgebiet vollkommen unübersichtlich ist. Die Rechtszersplitterung wird noch dadurch vergrößert, daß es nicht einmal für jedes Land ein einheitliches Recht gibt, weil verschiedentlich sogar ortsrechtliche Vorschriften zu beachten sind, die vielfach wesentlich voneinander abweichen. Wer zuverlässig wissen will, welchen Abstand er beim Anpflanzen von Bäumen und Sträuchern einhalten muß oder ob sein Nachbar den richtigen Abstand eingehalten hat, fragt am besten bei seiner Orts- oder Kreisbehörde nach, welches Landesrecht in seinem Heimatort gilt.« Bei diesem Rat will auch ich es dann bewenden lassen.

Handelt es sich um **Balkonbepflanzung**, sieht es für die Kläger besser aus. So hat das Bayerische Oberlandesgericht entschieden, daß übermäßige Balkonbepflanzung nicht geduldet werden muß, die vor ein darunterliegendes Fenster wächst und daher den Lichteinfall nicht unerheblich beeinträchtigt (Urteil veröffentlicht in der Zeitschrift »Der Wohnungseigentümer«, Jahrgang 1984, Seite 30).

7.
Früchte aus Nachbars Garten ...

Manchmal geht es jedoch nicht um Laub oder Blätter, sondern um ganz andere Produkte von Bäumen und Sträuchern, an denen sich die Gemüter erhitzen. Gefallen Ihnen zum Beispiel die herrlichen Birnen am Nachbarbaum, die aber über Ihrem Grund und Boden hängen? Haben Sie bei Ihrer Frau bereits einen Pflaumenkuchen aus den Früchten bestellt, die zwar am Baum Ihres Nachbarn hängen, aber an den Ästen, die auf Ihr Grundstück ragen? Beißen Sie genußvoll in den Apfel, der vom Nachbarbaum in Ihren Garten gefallen ist? Tun Sie dies alles völlig unvoreingenommen, oder drückt Sie das schlechte Gewissen? Nun, die Rechtslage stellt sich folgendermaßen dar (maßgeblich ist § 911 BGB):

Solange die Früchte am Baum des Nachbarn hängen, gehören sie ihm. Auch dann, wenn die Zweige auf Ihr Grundstück herüberragen.

Sind Früchte entweder durch Wind, durch Reife oder beim Bepflücken des Baumes durch Ihren Nachbarn auf Ihr Grundstück gefallen, gehören sie Ihnen.

Es ist Ihnen untersagt, über die Grenze zu greifen und den Baum des Nachbarn zu schütteln, damit Sie die noch am Baum hängenden Früchte in Ihren Besitz bringen. Früchte, die Sie auf diese Weise erlangen, müssen Sie, falls Ihr Nachbar Wert darauf legt, zurückbringen oder Wertersatz leisten.

Sie müssen Ihrem Nachbarn nicht die Erlaubnis geben, daß er zum Pflücken der Früchte seines Baumes auf Ihr Grundstück kommen darf. Tut er das trotzdem, macht er sich des Diebstahls schuldig. In Ordnung ist es, wenn er mit Hilfe eines Obstpflückgerätes Früchte erntet, solange die noch am Baum hängen – auch dann, wenn sie über Ihrem Grundstück schweben.

Zuviel des Guten?

Was tun, wenn Sie das Fallobst aus Nachbars Garten gar nicht mögen – etwa, weil viel zu viel auf Ihr Grundstück fällt und weil Ihnen Obst sowieso nicht schmeckt?

Sie können Ihren Nachbarn höflich bitten, seine Sachen selbst aufzusammeln. Sie können daran anschließend, falls Sie mehrfach und erfolglos eine solche Bitte geäußert haben, zur Tat schreiten, indem Sie etwa ein Gartenbau-Unternehmen mit dem Einsammeln des Fallobstes beauftragen. Die entsprechenden Aufwendungen muß Ihr Nachbar tragen. (Urteil des Amtsgerichts Backnang, Az. 3 C 35/89). Aber machen Sie sich genaue Notizen darüber, wann und wie oft Sie den Nachbarn vergeblich gebeten haben, seine Bäume zurückzuschneiden oder das Obst aufzusammeln.

Es gibt auch den Fall, daß Bäume oder Sträucher so dicht an der Grenze angepflanzt wurden, daß sie inzwischen auf das Nachbargrundstück hinüberwachsen. In diesem Falle gelten die Teile der Sträucher, die auf dem Nachbargrundstück Wurzeln gefaßt haben, als dessen Eigentum. Die Früchte und – falls er gefällt wird – der Baum gehören den Nachbarn in diesem Fall zu gleichen Teilen, gleichgültig, ob das Gewächs mehr auf der einen oder anderen Seite des Grundstücks steht. Fallobst gehört, wie gehabt, demjenigen allein, auf dessen Grundstück es gefallen ist.

Dumme Kuh

Ein Grundstückseigentümer hatte eine Eibenhecke als Abgrenzung zum Nachbarn gepflanzt. Nun weideten leider auf dessen Wiese Kühe, die an der giftigen Hecke knabberten und eingingen. Der Landwirt klagte auf Schadenersatz.

... Und ging leer aus. Das Oberlandesgericht Düsseldorf meinte lapidar, der Landwirt habe seine Tiere eben dort nicht grasen lassen dürfen.

§ *Az. 4 U 54/74*

Giftige Pflanzen zu säen, pflanzen und pflegen ist gesetzlich nicht verboten – also erlaubt. Nur unter wenigen, besonderen Umständen können vom Grundstückseigentümer Sicherheitsmaßnahmen verlangt werden. Das Gesetz geht davon aus, daß Menschen und Tiere sich gefälligst vor den Gefahren durch Goldregen, Maiglöckchen, Efeu und Fingerhut hüten sollen.

Meine Meinung dazu: Nicht alles, was erlaubt ist, sollte man auch tun. Ein bißchen Rücksicht schadet sicher nicht – und verhindert vielleicht sogar Schlimmes. Wenn Ihr Nachbar kleine Kinder hat, müssen Sie ja nicht unbedingt giftige Beerensträucher in die Grenzhecke pflanzen, oder?

8.
Der Überbau – wenn beim Bauen die Grenze überschritten wird

Vor allem in ländlichen Gegenden kommt es hin und wieder vor, daß ein Grundstückseigentümer beim Bau seines Hauses die Grundstücksgrenze überschreitet und einen Teil seines Baus auf dem Nachbargrundstück errichtet. Sie werden sagen: »Hätte er besser aufgepaßt. Dann muß er eben das Haus wieder abreißen!«

Im Prinzip (und mit § 1004 BGB im Rücken) haben Sie recht. Aber eben nur im Prinzip. Doch wenn nun der Nachbar clever ist, wird er ebenfalls das Bürgerliche Gesetzbuch zur Hand nehmen und darauf verweisen, daß er »im guten Glauben gehandelt« habe, und daß die Beseitigung seines Bauwerkes eine übergroße Härte für ihn bedeute. Seine Argumente findet er in §§ 912 bis 916 BGB.

Diese Paragraphen sind geschaffen worden, weil der Gesetzgeber der Meinung ist, daß die Erhaltung eines bestehenden Gebäudes wichtiger ist als die strenge Durchsetzung des Nachbarrechts. Diese Paragraphen sollen daher für einen angemessenen und gerechten Ausgleich zwischen den widerstreitenden Interessen der beiden Grundstücksnachbarn sorgen. Demzufolge haben Sie es grundsätzlich zu dulden, wenn Ihr Nachbar ein Gebäude auf Ihr Grundstück überbaut. Wohlgemerkt: ein Gebäude, nicht einen Zaun oder eine Gartenmauer! Ihr Nachbar wiederum muß Ihnen dafür eine entsprechende Entschädigung in Form einer Rente zahlen. Statt der Rente kann der Grundstücksnachbar auch verlangen, daß der Rentenpflichtige den überbauten Teil des Grundstücks abkauft, wie § 915 BGB ausführt.

Es gibt auch noch andere Möglichkeiten: beispielsweise, daß beide von der Rentenzahlungspflicht absehen und den überbauten Grundstücksteil gegen Entschädigung auf den Gebäudeeigentümer als Eigentum übertragen. Oder Sie und Ihr Nachbar können die ganze Angelegenheit zum Inhalt einer Grunddienstbarkeit machen.

Eines ist natürlich auch klar: Wenn der Überbau vorsätzlich oder grob fahrlässig entstanden ist, müssen Sie ihn in keinem Fall dulden. Dann können Sie dessen Beseitigung und gegebenenfalls Schadenersatz verlangen. Nach Ansicht des Bundesgerichtshofes kann ein Überbau auch bei einem Erweiterungsbau und nicht nur bei einem Neubau gegeben sein.

9.
Ausschachtungsarbeiten – was erlaubt ist und was nicht

Im BGB steht nichts darüber, daß bei Ausschachtungsarbeiten ein bestimmter Grenzabstand eingehalten werden muß. Allerdings gibt es vereinzelte landesrechtliche Bestimmungen über Abstandsvorschriften. Die betreffen dann schadensbedrohende oder störende Anlagen wie Brunnen, Abort-, Jauche-, Senk- und Sammelgruben, Futtersilos und ähnliche, die zwischen fünf und zehn Meter von der Grenze entfernt sein müssen.

Unter anderem kommen folgende Rechtsquellen in Frage:

Artikel 124 des Einführungsgesetzes zum Bürgerlichen Gesetzbuch (EGBGB):

»Unberührt bleiben die landesrechtlichen Vorschriften, welche das Eigentum an Grundstücken zugunsten der Nachbarn noch anderen als den im Bürgerlichen Gesetzbuch bestimmten Beschränkungen unterwerfen. Dies gilt insbesondere auch von den Vorschriften, nach welchen Anlagen sowie Bäume und Sträucher nur in einem bestimmten Abstand von der Grenze gehalten werden dürfen.«

§ 6 des Baden-Württembergischen Nachbargesetzes:

»Schadendrohende oder störende Anlagen dürfen nur in solcher Entfernung von der Grenze und nur unter solchen Vorkehrungen angebracht werden, daß sie den Nachbarn nicht schädigen. Anlagen in diesem Sinne sind insbesondere Lager für Chemikalien sowie im Freien gelegene Aborte, Treib- und Brennstoffbehälter, Waschkessel und Backöfen, Bienenstöcke, Futtersilos, Düngerstätten, Jauchegruben und Ställe.«

Nach § 10 der Bayerischen Verordnung über Feuerungsanlagen und über die Lagerung von Brennstoffen müssen Heizölbehälter in der Erde von der Grenze des Nachbargrundstücks mindestens einen Meter entfernt sein.

Generell verbietet § 909 BGB jede Vertiefung, durch die dem Grund und Boden des Nachbargrundstücks die erforderliche Stütze entzogen wird. »Vertiefung« bedeutet, daß Bodenbestandteile weggenommen werden, beispielsweise beim Ausschachten einer Baugrube, um das Fundament für ein Gebäude anzulegen, oder beim Graben eines Brunnens oder beim Abbau von Lehm oder Ton. Als Vertiefung hat die Gerichtsbarkeit auch gewertet, wenn sich die Erdoberfläche senkt, ohne daß Bodenbestandteile entnommen werden, beispielsweise durch die Last eines Gebäudes. Diese Vertiefung kann auch nur vorübergehend sein, um zum Beispiel eine Leitung zu verlegen.

10.
Das Hammerschlags- und Leiterrecht

Hierin geht es um die Frage: Darf Ihr Nachbar auf Ihrem Grundstück ein Gerüst aufstellen, um sein Haus zu verputzen? Schließlich muß ja ab und zu der Zaun ausgebessert oder die Mauer renoviert werden, die auf der Grenze zu Ihrem Grundstück steht. Da kann es dann schon mal passieren, daß bei diesen Arbeiten auch Ihr Grundstück in Mitleidenschaft gezogen wird. Folgt man alten Rechtsbüchern, weit aus der Zeit vor 1900, so steht dem Nachbarn ein sogenanntes Leiter- oder Hammerschlagsrecht zu. Das heißt: Sie müssen das Betreten Ihres Grundstückes durch den Nachbarn dulden und Sie müssen es auch zulassen, daß er eine Leiter oder ein Gerüst in dem Umfang aufstellt, in dem die Bauarbeiten nötig sind.

In moderneren Gesetzbüchern sucht man allerdings vergeblich nach Bestimmungen, die diesen Fall regeln. Das würde grundsätzlich bedeuten: Dem Hauseigentümer steht kein Recht zu, das Nachbargrundstück zu betreten und ein Gerüst aufzustellen, wenn er Ausbesserungsarbeiten vornehmen will. Ein Rechtsgrundsatz, der in der Praxis Probleme mit sich brächte, wollte man sich streng an ihn halten. Denn das würde bedeuten, daß niemand ohne die Zustimmung seines Nachbarn einen Zaun oder gar ein Gebäude an der Grenze errichten kann, weil er ja zum Errichten derselben das Nachbargrundstück betreten muß.

Also kann man sich nach folgenden Leitsätzen richten: Die Eigentümer angrenzender Grundstücke stellen eine räumliche Gemeinschaft dar. Die führt zu einer Nutzungsgemeinschaft. Und die verpflichtet zur gegenseitigen Rücksichtnahme und Duldung. Durch das Nachbarschaftsverhältnis können Rechte und Pflichten gegeben sein, die das Gesetz nicht schwarz auf weiß vorsieht, die aber in einem gewissen Rahmen vorhanden sein müssen, um ein Miteinander oder Nebeneinander zweier oder mehrerer Nachbarn nicht unerträglich zu machen. Denn manchmal zwingen einen die Umstände, wie im Fall, von dem gerade die Rede ist, einen Ausweg zu suchen, den man nicht in Gesetzbüchern findet.

Gehen wir also davon aus, daß Sie es dulden müssen, daß der Nachbar Ihr Grundstück betreten darf, um Ausbesserungsarbeiten vorzunehmen, aber nur, wenn dies unvermeidlich ist. In diesem Sinne hat sich auch das Landgericht Bonn geäußert (Az. 2 O 104/61): Ein Anspruch könne sich nur aus dem Grundsatz von Treu und Glauben (§ 242 BGB) ergeben. Demnach müsse man infolge des nachbarlichen Gemeinschaftsverhältnis bestimmte Einwirkungen auf sein Grundstück dulden. Diese Einwirkungen etwa das Aufstellen eines Gerüstes für Verputzarbeiten müssen jedoch für die Arbeiten notwendig sein. Läßt ein Nachbar sein Haus nur verputzen, um dort Reklame anzubringen (also aus rein kommerziellen Erwägungen, von denen Sie gar nichts haben), ist diese Notwendigkeit nach Auffassung des Bonner Gerichts nicht gegeben!

Natürlich gelten in jedem Fall auch die Paragraphen 807, 867, 913, 917 BGB, die Ihnen einen vollen Anspruch auf Schadenersatz geben, falls Ihr Nachbar bei seinen Arbeiten Ihnen etwas kaputtmacht.

11.
Fensterrecht und Lichtrecht

Fensterrecht ist das Recht, Fenster zum Grundstück des Nachbarn zu haben. Lichtrecht ist das Recht, daß diese(s) Fenster vom Nachbarn nicht zugebaut werden (dürfen). Nun enthält das Bürgerliche Gesetzbuch über diese beiden Rechte keine Vorschriften. Sie müssen also auf die landesrechtlichen Bestimmungen zurückgreifen. Und zwar auf alle, die das Eigentum an Grundstücken zugunsten des Nachbarn noch anderen als den im BGB enthaltenen Beschränkungen unterwerfen. Als da wären:
- der Code Civil Napoleons vom 5. März 1803, der im linksrheinischen Rechtsgebiet noch heute gilt;
- die Bestimmungen des 8. und 22. Titels des 1. Teils des Preußischen Allgemeinen Landrechtes in den altpreußischen Rechtsgebieten;
- in Baden-Württemberg die §§ 3–5 des Nachbarrechtsgesetzes;
- in Hessen die §§ 11 bis 13 des Nachbarrechtsgesetzes;
- in Bayern die Artikel 62 bis 66 des Bayerischen Ausführungsgesetzes zum BGB;

Darüber hinaus gibt es noch verschiedene Provinzial-, Partikular- und Lokalrechte mit teilweise abweichenden Vorschriften. Ich will Ihnen, weil sie so schön klingen, nur ein paar nennen: das Lübische Recht (das in zahlreichen Städten Schleswig-Holsteins gilt), das Kurhessische Recht und die Nassau-Katzenelnbogische Landordnung. Langer Aufzählung kurzer Sinn: Im Zweifelsfall lieber ein Anruf oder ein Gang zur Behörde...

Video-Voyeur beim Fensterln

Zwei Nachbarn konnten sich nicht leiden. Jede Gelegenheit war ihnen willkommen, das Kriegsbeil gegeneinander auszugraben. Eines Tages hatte es Nachbar A satt, stundenlang aus dem Fenster zu starren. An geeigneter Stelle installierte er eine Videokamera mit Telezoom-Objektiv. Da konnte er nun lückenlos die Machenschaften von Familie B beobachten – endlich Sicherheit für Frau und Kinder vor feindlichen »Übergriffen«!

Diese Dreistigkeit kam Nachbar B gerade recht – endlich ein Grund, vor den Kadi zu ziehen.

Der Richter ließ sich von den Argumenten des Beklagten nicht beeidrucken – und verbot die Überwachung per Videotechnik. Begründung: Es reiche aus, »wenn kontrollierende Familienmitglieder unmittelbar aus dem Fenster schauen. Somit ist nicht ersichtlich, weshalb die Kamera zur Beobachtung überhaupt nötig ist, da es in jedem Fall einer Kontrollperson bedarf. Ob diese auf den Monitor oder aus dem Fenster schaut, bringt für den Beklagten (Nachbar A) keinerlei Vorteile. Sie haben auch kein berechtigtes Interesse darlegen können, weshalb der Blick auf den Bildschirm dem Blick aus dem Fenster vorzuziehen ist. Eine sichtbare Kontrollperson im Fenster dürfte auch grundsätzlich besser geeignet sein, ›Übergriffe‹ des Klägers zu verhindern.«

§ *Landgericht Berlin, Az. 8 O 197/85.*

12. Ein paar weitere seltene Rechte

Im folgenden Erläuterungen zu ein paar Rechten, von denen man nur selten hört.

Notwegerecht

Hier handelt es sich um ein gesetzliches Wegerecht. Wenn gewisse Voraussetzungen vorliegen, müssen Sie den Notweg für Ihren Nachbarn dulden, auch wenn Ihnen das nicht paßt. Das Gesetz geht davon aus, daß für jedes Grundstück eine ordentliche Bewirtschaftung möglich sein muß. Also muß es auch eine Verbindung mit einem öffentlichen Weg haben (§ 917 BGB). Falls diese Verbindung nicht vorhanden ist, müssen Sie die Benutzung Ihres Grundstücks so dulden, daß Ihr Nachbar in der Lage ist, sein Grundstück ordnungsgemäß zu bewirtschaften.

Er hat aber nur Anspruch auf das Notwegerecht, wenn sein Grundstück weder an einer öffentlichen Straße liegt noch ein privates Wegerecht zu einer öffentlichen Straße hat. Hat Ihr Nachbar zu einer öffentlichen Straße lediglich einen etwas unbequemen Zugang und möchte deswegen lieber über Ihr Grundstück fahren, können Sie ihm das hingegen verwehren. Verweigern Sie hingegen den Notweg, obwohl Ihr Nachbar darauf ein Anrecht hat, so werden Bestand und Richtung des Weges sowie der Umfang des Benutzungsrechts gerichtlich festgesetzt.

Sie müssen den Notweg nicht ohne Gegenleistung dulden, sondern können eine jährliche Geldrente fordern, für deren Höhe der Zeitpunkt der Errichtung des Weges maßgeblich ist. Ihr Nachbar muß auch die Kosten der Anlage und Unterhaltung des Notweges tragen. Wird nachträglich ein anderer Zugang zu einer öffentlichen Straße erstellt, zum Beispiel im Rahmen eines Flurbereinigungsverfahrens, erlischt das Notwegerecht. Es besteht übrigens nicht nur für oberirdische Wege, sondern auch für unterirdische Versorgungsleitungen wie Elektrizitäts- und Fernmeldekabel, Abwasser- und Gasleitungen oder die Wasserversorgung.

Schaufelschlagrecht

Hierbei handelt es sich um ein Grundstücksbenutzungsrecht, das durch den Artikel 124 des Einführungsgesetzes zum BGB gegeben ist. Das Schaufelschlagrecht ist das Recht des Eigentümers einer Wasserleitung oder eines Mühlengrabens, bei der Reinigung der Leitung oder des Grabens den Schlamm oder Sand auf das Nachbargrundstück zu schaufeln.

Schwengelrecht

Dieses Recht macht es dem Eigentümer landwirtschaftlich genutzter Flächen möglich, sein Ackerland ordnungsgemäß bis zur Grundstücksgrenze zu bestellen und bearbeiten. Deshalb muß der Nachbar auf seinem Grundstück einen Streifen von 60 cm Breite entlang der Grenze frei von Zäunen, Wällen, Bäumen, Sträuchern und ähnlichem halten, die einen Schwengel, ein Pflugrad oder eine Achse, die bei der Bearbeitung eventuell die Grenze überschreiten, behindern könnten. Dieses Recht ist eine öffentlichrechtliche Eigentumsbeschränkung, die die vollständige und ungehinderte Bewirtschaftung von Ackerland gewährleisten soll.

Pflugkehrrecht

Dieses Recht gestattet es, beim Pflügen und Eggen an der Grenze des Ackers den Pflug oder die Egge über die Grenze auf den Nachbaracker zu leiten und dort zu wenden. Liegt zwischen den beiden Äckern ein zur sogenannten »Anwende« freigelassener Grenzrain, der beiden Nachbarn gemeinschaftlich gehört und als Grenzeinrichtung betrachtet werden kann, gilt das Pflugkehrrecht (es wird auch Anwendrecht oder Einkehrrecht genannt) natürlich nicht. Dieses Recht darf nicht durch Einfriedungen auf der Grenze in deren Nähe behindert werden. Aus diesem Grunde wird oft bei Flurbereinigungsverfahren die Bestimmung getroffen, daß in freier Feldmark die Einfriedung eines Ackers oder einer Wiese mindestens einen halben Meter von der Grenze entfernt bleiben muß. Dies gilt nicht, wenn aufgrund der Lage, Größe oder Beschaffenheit des Grundstückes eine Bearbeitung mit einem Traktor oder einem Gespann sowieso nicht in Frage kommt.

Das Pflugkehrrecht gilt nicht überall in Deutschland, sondern nur in Teilen Bayerns (dort, wo es bereits 1900 nach örtlichem Herkommen gegolten hat), im alten Bistum Fulda, im Nassauischen Gebiet und im Eichsfeld. Der Begriff »Örtliches Herkommen« ist örtlichem Gewohnheitsrecht gleichzusetzen. Außerdem wurden im Rahmen der Flurbereinigung »besondere Festsetzungen« geschaffen, die den Inhalt von Schaufelschlag- und Pflugkehrrecht haben.

Trepprecht

Dieses Recht, das heute noch für die württembergischen Landesteile von Baden-Württemberg gilt, unterscheidet sich vom Anwendrecht dadurch, daß der Bauer beim Pflügen oder Eggen nur Spannvieh (Ochse oder Pferd) umwenden darf, nicht jedoch

Pflug oder Egge. Die muß er auf seinem Grundstück wenden. Das Trepprecht darf nicht durch die Errichtung einer Einfriedung behindert werden. Es darf lediglich mit Spannvieh, nicht jedoch mit einer Zugmaschine ausgeübt werden.

Unständiges Überfahrtsrecht

Hierbei handelt es sich, wie schon der Name sagt, um ein Recht, das nicht ständig gilt. Es besagt, daß der Bauer zu gewissen Zeiten, nämlich im Frühjahr zur Bestellung und im Herbst zur Aberntung, über das landwirtschaftliche Grundstück eines anderen Grundstückseigentümers fahren darf. Dieses Recht kann im Gegensatz zum Trepprecht mit einer Zugmaschine ausgeübt werden, es soll jedoch nur beim Vorliegen besonders dringender Gründe vom Oberamt nach Anhörung des Kulturamtes und Zustimmung des Gemeinderates erteilt werden. Dieses Recht gilt ebenfalls nur für die württembergischen Landesteile von Baden-Württemberg.

Grundstücksbenutzungsrecht des Waldbesitzers

Diesem Recht zufolge, das aufgrund des Hessischen Forstgesetzes in Hessen gilt, hat der Waldbesitzer das Recht, fremde Grundstücke zu benutzen, wenn die forstliche Bewirtschaftung eines Waldgrundstücks nicht möglich wäre oder nur mit unverhältnismäßig großen Nachteilen für den Besitzer. Zur Bewirtschaftung zählen vor allem Holzfällung und -abfuhr. Der Waldbesitzer muß für eventuellen Schaden aufkommen. Kommt es zum Streit über Art und Umfang der Duldungspflicht, kann man die obere Forstbehörde anrufen. Gegen deren Entscheidung kann beim ordentlichen Gericht geklagt werden.

Teil III:
Wenn Nachbarn Mieter sind

1.
Der Mieter als Nachbar und seine Rechtsposition

Das öffentliche Nachbarrecht, das wir im bisherigen Teil des Buches behandelt haben, gilt in erster Linie für Grundstücks-, Haus- und Wohnungseigentümer. Das bedeutet, daß die Vorschriften des Nachbarrechts für Mieter nur indirekt Geltung haben – nämlich aufgrund der Hausordnung, die zum Mietvertrag gehört. Ärgert sich ein Mieter über einen Mitmieter, kann er zwar zunächst versuchen, die Angelegenheit unter vier Augen zu klären (was wohl immer der erste Schritt sein sollte). Doch falls sich keine friedliche Lösung findet, ist der Vermieter – also der Wohnungseigentümer – dafür zuständig, gegen einen störenden Mitmieter vorzugehen.

Im folgenden behandele ich Bereiche aus dem Mietrecht, die für das nachbarschaftliche Verhältnis von Bedeutung sind. Das gesamte Mietrecht wird in meinem Ratgeber »Ihre Rechte als Mieter« (Heyne Ratgeber 08/9458) erläutert.

2.
Lärm, Gestank und was Mieter sonst noch alles ärgert

Grundsätzlich stören Rücksichtslosigkeiten durch Nachbarn Sie als Mieter genauso wie als Eigentümer. Andererseits wollen Sie sicher auch wissen, was Sie selbst in Ihrer Mietwohnung dürfen – und womit Sie sich Ärger einhandeln.

Hier die wichtigsten Punkte, sofern ich sie nicht schon in Teil 2 behandelt habe:

Die Frage ist, wann die **Geräuschkulisse** von nebenan zumutbar ist, wann eine Zumutung:

Auch nach 22 Uhr darf der Mieter **baden und duschen**, sagt das Amtsgericht Köln – aber möglichst nicht länger als eine halbe Stunde. Die Geräusche beim Füllen und Leeren der Badewanne sind auch in hellhörigen Häusern ebenso zulässig wie die Spülung des WC (Az. 76 C 676/53).

Wer zu später Stunde abspült und mit dem **Geschirr klappert**, muß kein schlechtes Gewissen bekommen. Schon vor 30 Jahren entschied das Amtsgericht Köln: »Nach der Lebenserfahrung kann davon ausgegangen werden, daß mit Geschirr nicht mutwillig geklappert wird, denn dadurch würde das Geschirr nur beschädigt oder zerstört« (Az. 76 C 676/53).

Staubsauger sollten während der üblichen Ruhezeiten nicht in Betrieb genommen werden. Wer regelmäßig um Mitternacht die Wohnung saugt, riskiert als Mieter einen fristlosen Rausschmiß, entschied das Amtsgericht Steinhagen (Az. 4 C 298/86).

Geräusche von **Wasch- und Spülmaschinen** sind während des Tages durchaus zumutbar. Ein Mieter kann auch nicht dazu verpflichtet werden, die automatische Waschmaschine in der Gemeinschafts-Waschküche zu benutzen – er darf seine eigene verwenden, sagt das Amtsgericht Köln (Az. 152 C 355/71). Das Amtsgericht Solingen hingegen bestimmt, daß bei Geräuschbelästigung die Waschmaschine aus der Wohnung in die Waschküche zu verlegen ist (Az. 13 C 606/80).

Der Vermieter kann dem Mieter und auch ein Nachbar dem anderen nicht völlig verbieten, zu Hause zu **musizieren**. Die Rechtssprechung entscheidet hier zwar recht unterschiedlich, durchschnittlich anderthalb bis zweieinhalb Stunden pro Tag werden Hausmusikanten jedoch grundsätzlich zugestanden. Sonntags-, Feiertags-, Mittags- und Nachtruhe müssen jedoch dabei eingehalten werden.

Was gilt es zu beachten, wenn **Familienfeiern** anstehen? Klarer Fall: Mitmieter dürfen nicht über das erträgliche Maß gestört werden. Da immer wiederkehrende Partys zu deren Belästigung führen, kann der Vermieter sie verbieten. Wenn der Mieter trotz Abmahnung weiter Partys feiert, kann ihm auch fristlos gekündigt werden, meinen das Amtsgericht Mannheim (Az. 8 b 364/86) und das Amtsgericht Köln (Az. 204 C 499/83).

Das heißt natürlich nicht, daß der Mieter bei besonderen Anlässen keine Feste feiern darf. Aus der Lärmbeeinträchtigung muß sich aber ergeben, daß diese Feste auf Ausnahmefälle beschränkt sein müssen, wie zum Beispiel Hochzeit, Verlobung, Kindstaufe, Geburtstag, Kommunion, Konfirmation, Silvester- oder Faschingsfete. Allerdings sollten diese Feierlichkeiten nicht bis in den frühen Morgen ausgedehnt werden.

Zu diesen Urteilen kommen ebenfalls das Amtsgericht Köln (Az. 72 G 157/59) und das Amtsgericht Bremen (Az. 15 C 2658/57).

Wenn ein **Säugling** in der Nacht brüllt, gilt dies nur dann als erhebliche Belästigung, wenn die Eltern ihr Kind aus pädagogischen Gründen lärmen lassen, sagt das Amtsgericht Hannover (Az. 26 C 89-91).

Es hielt daher eine Räumungsklage für begründet, da zwar »das Interesse der Beklagten, ihr Kind in der Wohnung toben zu lassen, berechtigt sein mag. Mindestens im selben Maße ist aber das Interesse der anderen Mietparteien, die zum Teil im Berufsstreß stehen, auf ungestörte Nachtruhe berechtigt.« Schlechte Karten also für antiautoritäre Eltern.

Der Lärm **spielender Kinder** muß von den Hausbewohnern ebenfalls nur in einem gewissen Umfang hingenommen werden. Kinder dürfen in der Wohnung spielen und dabei lachen, schreien oder weinen auch in einem Mehrfamilienwohnhaus (Landgericht Düsseldorf, Az. 24 S 181/86).

Allerdings müssen Eltern darauf achten, daß während der allgemeinen Ruhezeit mittags von 13 bis 15 Uhr und abends ab 22 Uhr Mitbewohner nicht unzumutbar gestört werden. Anderenfalls besteht für Mieter die Möglichkeit, auf Mietminderung zu klagen, was etwa das Amtsgericht Neuss durchaus zugestanden hat. Denn: »Geräuscherscheinungen wie Rennen, Trampeln und Springen nach 20 Uhr bis in die späten Abendstunden sind nicht mehr hinzunehmen« (Az. 36 C 232/88).

Auch haben Eltern zu unterbinden, daß ihre Kinder von Stühlen springen, Möbel umwerfen oder in der Wohnung Weitsprung üben, meint das Amtsgericht Kiel (Az. 8 C 383/83).

Weil wir schon beim Thema Kinder sind: »Rasen betreten verboten« – Schilder mit solcher oder ähnlicher Aufschrift sind nicht nur Kindern ein Dorn im Auge.

Hier stellt sich die Frage: Dürfen Kinder Außenanlagen vor oder hinter dem Haus benutzen?

Antwort: jein. Wenn im Mietvertrag steht, daß Rasenflächen nicht benutzt werden dürfen, ist dies zwar bindend. Es bleibt jedoch die Frage, ob derartige Vereinbarungen rechtsmißbräuchlich und somit unwirksam sind. Außerdem kann ein derartiges Verbot als Schikane angesehen werden.

Dies gilt allerdings nicht, wenn das Verbot dazu dienen soll, die Ruhe der älteren Mitmieter zu gewährleisten (Landgericht Frankfurt laut Zeitschrift »Gemeinnütziges Wohnungswesen«, 1971, 506).

Im Prinzip sollen Familien mit Kindern in unserer Gesellschaft eine besondere Stellung genießen. Daher wird ein Vermieter das Nachsehen haben, wenn er ein Mietverhältnis kündigt, weil er sich durch Kinder belästigt fühlt. Belästigungen durch Mieter und/oder deren Kinder müssen schon erheblich sein, will der Vermieter mit seiner Kündigung durchdringen (§ 564 b Abs. 2 Nr. 1 BGB/ Amtsgericht Aachen, WM 1975, 38). Andererseits gilt: Aufgrund ihrer Aufsichtspflicht sind Eltern für das Verhalten ihrer Sprößlinge verantwortlich (Landgericht Hamburg, WM 1983, 27).

Zwei Beispiele für typische Urteile zum Thema, verpackt in lebensnahes Juristendeutsch:

- Nächtliches Babygebrüll ist den Nachbarn ebenso zuzumuten wie das »Herumhantieren der Mieterin (i. e. der Mutter) in den frühen Morgenstunden zur Wartung des Säuglings« (Landgericht Berlin, Az. 27 S 149/52).
- »Kinder können nicht wie junge Hunde an die Kette gelegt werden. Wer Kinderlärm als lästig empfindet, hat selbst eine falsche Einstellung zu Kindern. Ein Mehrfamilienhaus ist kein Kloster« (Amtsgericht Neuss, Az. 36 C 232/88).

Übrigens: Nicht nur als Mieter müssen Sie Rücksicht auf Ihre Nachbarn nehmen. Auch der Vermieter darf seine Mieter zum Beispiel nicht nächtelang mit dröhnender Musik nerven!

In einem solchen Fall verurteilte das Amtsgericht Düsseldorf einen Hauseigentümer nicht nur wegen seines lautstarken Verstoßes gegen das Landesimmissionsschutzgesetz – sondern auch für den Versuch der »Entmietung durch Psychoterror«. Der Vermieter mußte 800 Mark Geldbuße berappen (Az. 301 OWI/906 Js 552/91).

Ratschläge für geplagte Mieter und Vermieter

Beispiel Lärm: Wie Sie sich als Mieter wehren können

Unternehmen Sie nichts, ohne sich vorher über die Rechtslage zu informieren – am besten bei Ihrem Mieterverein. Der erste Weg, den Sie einschlagen können, wenn alle persönlichen Bemühungen nicht gefruchtet haben, ist der zum Amtsgericht. Das erwirkt, falls es sich wirklich um unzulässigen Lärm handelt, einen Beschluß, der den Krach verbietet. Meist droht das Gericht mit einer Geldstrafe, falls der Krachmacher seine Aktivitäten nicht einstellt.

Als nächstes können Sie die zuständige Verwaltungsbehörde (Landratsamt, Stadt oder Kreisverwaltung) einschalten – vor allem, wenn es sich um »öffentlichen« Lärm, wie den aus einer Kneipe, handelt. Die Behörde kann zum Beispiel erwirken, daß in der betreffenden Gaststätte die Fenster nicht mehr geöffnet werden dürfen, oder daß Musikboxen, die zu laut tönen, verplombt werden.

Selbstverständlich müssen Sie nicht selbst aktiv werden, sondern können Ihren Vermieter einschalten. Der ist laut Mietvertrag verpflichtet, die Wohnung in einem Zustand zu halten, der dem vertragsmäßigen Gebrauch entspricht. Auch dann, wenn das Ganze mit hohen Kosten verbunden ist (Landgericht Hamburg, WM 1984, 79).

Sie können auch die Miete kürzen (siehe auch weitere Ausführungen unter dem Stichwort »Mietminderung«) und letztlich sogar fristlos kündigen, wenn der Lärm Ihre Gesundheit gefährdet (§ 544 BGB).

Sie können den Lärmverursacher auch auf Schadensersatz verklagen (§ 823 Abs. 1 BGB: »Wer vorsätzlich oder fahrlässig das Leben, den Körper, die Gesundheit, die Freiheit, das Eigentum oder ein sonstiges Recht eines anderen widerrechtlich verletzt, ist dem anderen zum Ersatz des daraus entstehenden Schadens verpflichtet«).

Beispiel Lärm: Wie Sie sich als Vermieter wehren können

Wie für den Mieter gilt auch für den Vermieter: Setzen Sie sich mit rechtskundigen Leuten zusammen, einem Anwalt oder Ihrem Haus- und Grundbesitzerverein beispielsweise. Denn wenn der Lärm, den der Mieter macht, nicht unzulässig ist, beschwören Sie nur einen teuren und unnützen Rechtsstreit herauf. Ist er unzulässig, können Sie

- den Mieter, der den Lärm verursacht, auf Unterlassung verklagen;
- Schadensersatz verlangen, wenn beispielsweise andere Mieter seinetwegen ihre Miete gekürzt haben;
- Ihrem Mieter kündigen, nachdem Sie ihn abgemahnt haben; eventuell ist sogar eine fristlose Kündigung möglich;
- wenn Sie die Kündigung ausgesprochen haben, eine Räumungsklage folgen lassen.

Wenn Sie im Interesse Ihres Mieters gegen Dritte vorgehen wollen, sollten Sie sich im Prinzip an die ersten beiden Punkte halten, die ich den Mietern ans Herz gelegt habe: den Weg zum zuständigen Gericht beziehungsweise zur Verwaltungsbehörde.

Randale und Mutterliebe

Monatelang hatten die erwachsenen Söhne einer Mieterin die Bewohner des ganzen Hauses massiv terrorisiert – bis hin zu Prügeleien und massiven Drohungen. Nachdem mehrere Abmahnungen nichts gefruchtet hatten, kündigte die Vermieterin der Frau mitsamt ihren Musterknaben, die mit in der Wohnung lebten. Die Mieterin entgegnete, sie habe sich als Mutter nicht mehr durchsetzen können.

Das Landgericht Köln gab der Vermieterin recht. Die Mutter hätte ihre Nesthocker hinauswerfen sollen, damit sie sich eigene Wohnungen suchten, wenn sie die Hausordnung nicht einhalten konnten.

§ *Az. 1 S 250/75.*

Ein Fall zum Thema Gestank:

Stinkwut

Eine Kölner Mieterin drangsalierte ihre Nachbarn auf besonders anrüchige Weise: Still und heimlich verspritzte sie eine ekelerregende Fischbrühe – zu Weihnachen im Treppenhaus, im Frühjahr auf dem Balkon, im Sommer auf Bäumen und Sträuchern in Nachbars Garten ... Die Vermieterin mahnte die Stänkerin ohne Erfolg ab. Nach einigen Monaten vergeblicher Bewährungsfrist folgte die fristlose Kündigung.

Das Landgericht gab der Vermieterin recht: Die Mieterin habe die vertraglichen Verpflichtungen ihres Mietvertrages vorsätzlich erheblich verletzt. Der Richter überzeugte sich übrigens, daß dieser Fall zum Himmel stank, indem er im Gerichtssaal eine Probe der Heringslake öffnete.

§ *Az. 1 S 171/83.*

»Damenbesuch ab 22.00 Uhr verboten«

Sätze wie diese sollten Sie heute in keinem Mietvertrag mehr finden. Es kommt aber immer wieder vor, daß mißgünstige Moralapostel sich über Damen-/Herrenbesuche irgendwelcher Mitmieter aufregen. Hierzu ein Urteil des Amtsgerichts Wiesbaden, das bereits 1946 in »Wohnungswirtschaft und Mietrecht« veröffentlicht wurde:

»Jeder Mensch hat das unabdingbare Recht, seine sexuellen und intimen Angelegenheiten in der Form zu regeln, die ihm gutdünkt. Voraussetzung ist, daß er weder gegen die Strafgesetze verstößt noch in irgendeiner Form Rechte anderer Menschen angreift, hier als Mitmieter eines Hauses andere Mieter belästigt.

Durch das Mitbringen von Personen des anderen Geschlechts belästigt der Mieter aber niemanden. Absprachen und Bestimmungen in Mietverträgen, daß der Mieter oder Untermieter keine Person des anderen Geschlechts in die Räume mitbringen darf bzw. die Personen des anderen Geschlechts ab 10.00 Uhr abends die Räume zu verlassen haben, sind absolut nichtig.

Jede diesbezügliche Vertragsbestimmung verstößt eindeutig gegen Artikel 2 des Grundgesetzes, wonach jeder das Recht auf freie Entfaltung seiner Persönlichkeit hat, selbstverständlich auch im intimen Bereich.«

Der Fall »Filzlatsche«

Nur mit Hauspantinen durften Besucher die Wohnung eines strenggläubigen Moslems betreten. Für diesen Zweck standen im Flur mehrere Paar Filzlatschen in diversen Größen bereit. Diese religiöse Vorschrift ignorierte der Vermieter, als er zusammen mit mehreren Kaufinteressenten durch sämtliche Räume spazierte – alle in Straßenschuhen. Der erboste Mieter warf die Besucher heraus – das mußte er sich nicht bieten lassen, oder? Sein Vermieter war da ganz anderer Meinung – und bemühte die Justiz!

Der Richter handelte herzerfrischend menschlich und probierte selbst ein Paar Pantinen an: »Das war in wenigen Sekunden bewerkstelligt.« Dieses kleine Entgegenkommen, so fand er, sei selbst zeitknappen Besuchern zuzumuten. Der Vermieter hätte die Kaufinteressenten mit dem kleinen Hinweis auf die Religion seines Mieters darum bitten können, ohne damit ein vermindertes Kaufinteresse der Besucher zu riskieren.

§ *Amtsgericht Waldbröl, Az. 6 C 106/92.*

3.
Tierhaltung – oft ein Affentheater

Für Mieter und Vermieter gilt: Es gibt keine gesetzlichen Bestimmungen über das Halten von Haustieren in der Wohnung. Das bedeutet: Die Beantwortung der Frage, ob man sich so ein Tier halten darf, hängt in der Regel vom **Mietvertrag** ab.

Problemlos ist die Haltung von Kleintieren. Wellensittiche, Meerschweinchen, Hamster oder Goldfische kann ein Mieter beherbergen, ohne den Vermieter zu fragen. Anders ist es bei größeren Tieren. Steht in Ihrem Mietvertrag : »Das Halten von Hunden und Katzen ist verboten«, müssen Sie sich daran halten. Dieses Verbot verletzt nicht das Grundrecht auf freie Entfaltung, hat das Bundesverfassungsgericht festgestellt (Az. 1 BvR 126/80).

Steht jedoch im Mietvertrag das uneingeschränkte Verbot jeglicher Tierhaltung, ist dies nach Meinung des Amtgerichts Berlin-Charlottenburg eine ungültige Klausel, da ein derartiges Verbot eben auch Meerschweinchen und Sittich beträfe (Az 11 C 84/85).

Nun kann man, neben den oben beschriebenen Fällen, noch zwei weitere Möglichkeiten betrachten:

1. Im Mietvertrag steht: »Für die Tierhaltung bedarf es der Zustimmung des Vermieters.« In diesem Fall steht es einem Vermieter grundsätzlich frei, ob er Tierhaltung dulden will (Oberlandesgericht Hamm, WM 1981, 53). Wenn ein Mieter sich ohne Erlaubnis zum Beispiel einen Hund anschafft, kann der Vermieter verlangen, daß das Tier wieder aus dem Haus kommt. Allerdings muß er dies ziemlich bald tun. Denn ein Vermieter, der längere

Ein Papagei pfeift auf die Hausordnung

Bis 100 Dezibel Lautstärke – das entspricht dem Lärm eines Preßlufthammers – kann ein Graupapagei erreichen, wenn er richtig loslegt. Und je älter so ein Tierchen wird, desto lauter wird es. Nebenbei: Graupapageien haben eine Lebenserwartung von 30 bis 50 Jahren . . .

Auch in einer Düsseldorfer Mietwohnung gab es solch einen sangesfreudigen Vogel. Der pfiff und krächzte oft stundenlang, vor allem, wenn er allein zu Hause war und sich langweilte. Das lautstarke Pfeifkonzert überschritt die Schmerzgrenze der Nachbarn – sie gingen vor Gericht.

In erster Instanz wurde die Besitzerin des Tiers zu 100 Mark Geldbuße verurteilt. Die Dame aber wollte ihren begnadeten Sänger bis vors Oberlandesgericht verteidigen.

Doch auch hier meinte der Richter, die Geldbuße sei berechtigt gewesen: »Das schrille, über Stunden andauernde Pfeifen eines Graupapageis, der in einer Wohnung eines Mehrfamilienhauses in reiner Wohngegend gehalten wird, übersteigt die in einer solchen Gegend ortsübliche Lärmbelästigung durch Tiere erheblich und muß nicht hingenommen werden.« Man könne der Mieterin durchaus zumuten, den Vogel beim Verlassen der Wohnung mitzunehmen oder ganz abzuschaffen.

§ *Az. 5 Ss OWi 476/89 – 198/89 I.*

Zeit duldet, daß der Mieter ein Tier hält, kann nicht plötzlich grundlos dessen Abschaffung fordern. Er hat sozusagen eine stillschweigende Duldung gegeben.

Auch wenn der Mieter zunächst zugestimmt hat und plötzlich anderer Meinung ist, gilt es einiges zu berücksichtigen, selbst, wenn im Mietvertrag steht: »Der Vermieter kann seine Zustimmung zur Tierhaltung jederzeit widerrufen«. Der Vermieter braucht für so einen Gesinnungswandel triftige Gründe. Ein Hund, der sich »anständig« verhält, darf in aller Regel bleiben. Für seine Abschaffung besteht kein triftiger Grund (Landgericht Frankfurt, 1960, 135). Wenn ein Hund gelegentlich bellt, ist dies noch kein triftiger Grund. Anders ist es natürlich, wenn ein solches Tier Mitmieter bedroht. Selbstverständlich darf ein Vermieter die Tierliebe des Mieters nicht zu Erpressungsversuchen mißbrauchen beispielsweise, indem er fordert: »Entweder Sie stimmen der Mieterhöhung zu, oder das Tier kommt weg!«

2. Im Mietvertrag steht nichts. In diesem Fall sollten Sie vorsichtshalber Ihren Vermieter fragen, ehe Sie sich ein Tier anschaffen. Steht gar nichts im Mietvertrag, dürfen »übliche« Haustiere wie Katzen, Hunde oder Vögel gehalten werden. Bei Schlangen sind sich die Gerichte nicht einig.

Die Gerichte sind sich leider auch nicht einig, ob ein Haustier »zum vertragsgemäßen Gebrauch der Mietsache« gehört, wie es im Juristendeutsch heißt. Sprich: Darf man einen Hund halten wie Zimmerpflanzen? Die einen sagen: In städtischen Wohngebieten oder Mehrfamilienhäusern gehört Tierhaltung im Prinzip nicht zum vertragsgemäßen Gebrauch, sprich: Der Mieter muß um Erlaubnis bitten (Oberlandesgericht Hamm, 1981, 53).

Andere Urteile stellen fest: Hunde und Katzen in der Wohnung sind etwas normales. Wenn nichts anderes im Mietvertrag steht, muß der Mieter nicht um Erlaubnis fragen (Landgericht Köln, WM 1959, 103; Landgericht München, WM 1958, 5).

Jurassic Park auf der Etage

Die Mietwohnung eines reptilienbegeisterten Nachbarn zierte ein Terrarium mit 24 Schlangen einer ungefährlichen Art. Als sein bisheriger Vermieter starb, verbot der neue Hausherr die Schlangenhaltung – Zu Recht?

Bei Schlangen scheiden sich die Geister – und die Gerichtsurteile. Nach Ansicht des Kölner Amtsgerichts, das diesen Fall bearbeitete, konnte der Mieter seine Tiere behalten. Begründung: Da es keine Gift- oder Würgeschlangen sind und von den Tieren weder Geruchs- noch Lärmbelästigung ausgehe, sei deren artgerechte Haltung unbedenklich (Az. 231 C 363/89).

Dies ist aber wohl die Ausnahme. Wie das Amtsgericht Rüsselsheim verbieten die Gerichte in der Regel die Schlangenhaltung, gleich welcher Arten.

§ *(Az. 3 C 1049/86).*

Eine Dackelzucht in einer Zwei-Zimmerwohnung ist hingegen kein vertragsgemäßer Gebrauch (Landgericht Düsseldorf, »Zeitschrift für Miet- und Raumrecht«, 1958, 221), wogegen ein Wachhund in einem einsamen Haus oder einer Gaststätte genauso zulässig ist wie ein Blindenhund.

Verbotene Tierhaltung allein ist kein Kündigungsgrund. Wenn sich ein Mieter weigert, sein Tier wegzugeben, muß der Vermieter auf Unterlassung klagen. Wenn ein Hund hingegen erheblich stört oder gar gefährlich ist, aber der Mieter tut trotz Aufforderung nichts dagegen, ist dies etwas anderes (Landgericht Berlin, Zeitschrift »Das Grundeigentum«, 1980, 660). Der Vermieter muß aber eine konkrete Störung durch das betreffende Tier nachweisen, will er sein Verbot durchsetzen. Das wäre zum Beispiel der Fall, wenn ein Hund wiederholt das Treppenhaus verunreinigt oder in die Wohnungen benachbarter Mieter eindringt (Amtsgericht Hamburg-Altona, Az. 316 a C 97/89).

Übrigens: Der Vermieter darf einem Mieter die Katzenhaltung verweigern, wenn eine massive Katzenhaar-Allergie weiterer Mieter des Hauses vorliegt (Amtsgericht Köln, Az. 219 C 565/87).

4.
Garten, Terrasse und Balkon

Der Garten spielt für Mieter oft eine besondere Rolle, denn die Deutschen sind ein Volk von Hobbygärtnern. Vermutlich gibt es in der Bundesrepublik bei weitem nicht ausreichend Platz, um die Lust an der eigenen Scholle auch nur annähernd zu befriedigen. Gerade für Mieter und vor allem für solche, die kein Schrebergärtlein ihr eigen nennen, ist die Frage nach der Benutzung des Hausgartens nicht uninteressant. Hier ein paar wichtige Entscheidungen:

Bei einem Einfamilienhaus ist der Garten stets mitvermietet, wenn im Mietvertrag nicht ausdrücklich etwas anderes steht.

Der Mieter eines Mehrfamilienhauses kann den Hausgarten nur dann benutzen, wenn im Mietvertrag eine entsprechende Klausel angebracht ist, oder wenn der Garten eine Gemeinschaftseinrichtung ist und allen Mietern zur Verfügung steht. Wenn ein Hausgarten allen oder mehreren Mietern zur Verfügung steht, darf sich ein einzelner nicht einen Teil abzäunen.

Ist der Garten mit der Wohnung vermietet, darf der Vermieter es nicht untersagen, daß die Kinder des Mieters ihre Spielkameraden mit in den Garten bringen (Amtsgericht Solingen, WM 1980, 112). Ein Mieter darf in dem ihm zustehenden Teil des Gartens einen Komposthaufen errichten (Landgericht Regensburg, WM 1985, 242). Geringe Teile eines Ziergartens dürfen für wirtschaftliche Zwecke (zum Beispiel die Errichtung eines Holzstoßes) genutzt werden (Amtsgericht Nürnberg, WM 1984, 109).

Es ist Sache des Mieters, den Garten, der ihm laut Mietvertrag zusteht, nach seinem Geschmack zu nutzen – ob er im üblichen Rahmen Blumen sät und pflanzt oder der Natur freien Lauf läßt und einen Naturgarten wachsen läßt (Landgericht Darmstadt, 1983, 151). Will der Mieter wesentliche Teile der Gartenanlage beseitigen, zum Beispiel Bäume oder größere Sträucher, muß er hierfür die Genehmigung des Vermieters einholen (Amtsgericht Köln, Az. 151 C 1074/75).

Haschisch hinter Häkelgardinen

Nichts gegen den kleinen grünen Kaktus auf dem Balkon – aber Haschisch auf der Fensterbank? So geschehen in Linz: Ein Mieter verschönte sein Heim mit mehreren üppigen Cannabispflanzen. Nachbarn und Vermieter sind empört und fürchten um den Ruf des Hauses. Postwendend wird dem »kriminellen Kiffer« fristlos gekündigt – mit Recht?

Ja, entschied das Linzer Amtsgericht. Denn die Zucht von Cannabis- oder Marihuanapflanzen verstößt gegen die vertraglichen Nebenpflichten des Mieters. Der darf in seiner Wohnung »nichts tun, was geeignet ist, die Mietsache in Verruf zu bringen« und dem Vermieter zu schaden. Und weil nach einem Rauschgiftfund das Haus des Vermieters mit kriminellen Handlungen in Verbindung gebracht wird, war die fristlose Kündigung berechtigt.

§ *Az. 2 C 992/90*

5.
Rund um den Fernsehanschluß

Heute gibt es drei Möglichkeiten des Radio- und Fernsehempfangs:
- Antenne,
- Kabel,
- Satellit.

Sind Sie noch nicht verkabelt, können Sie mit einer herkömmlichen Antenne die ortsüblichen Programme empfangen. Immer öfter sind auf diese Weise auch private Fernsehprogramme wie RTL und Sat 1 zu sehen.

Sind Sie an das Leitungsnetz der Telekom fürs Kabelfernsehen – der sogenannten »Breitband-Kommunikation« – angeschlossen, können Sie bis zu 35 Fernseh- und 30 UKW-Hörfunkprogramme empfangen. Das hängt in der Praxis davon ab, wie viele Programme die Telekom, das Fernmeldeunternehmen der Post, in Ihr örtliches Netz eingespeist hat. Genaueres erfahren Sie entweder direkt bei Ihrer Telekom oder in Ihrem örtlichen Telefonladen.

Die dritte Möglichkeit ist der Empfang mit einer speziellen Parabolantenne. Mit ihr läßt sich möglicherweise kostengünstig eine bestehende Gemeinschaftsantennenanlage nachrüsten. Kostengünstig deshalb, weil anders als beim Kabelfernsehen keine zusätzlichen monatlichen Entgelte an die Telekom bezahlt werden müssen.

Erfahrungen zeigen, daß sich die Bedingungen für den Antrag immer wieder ändern. So gibt es seit dem 1.7.1991 neben der

Möglichkeit eines Sammelanschlusses wieder – wie schon einmal – den Einzelanschluß einer Wohnung. Erkundigen Sie sich, ob Sie den Vertrag mit der Telekom oder einer von ihr beauftragten privaten Firma (Kabelgesellschaft) abschließen müssen. Manchmal haben Sie nur eine dieser Möglichkeiten, manchmal – vor allem in vielen größeren Städten – bieten Telekom und Kabelgesellschaft den Anschluß gleichzeitig – und zwar zu unterschiedlichen Konditionen – an.

Die insgesamt drei verschiedenen Möglichkeiten, eine Wohnung an das Kabelfernsehen anzuschließen, lassen für den Mieter als Kunden auch unterschiedliche Rechte und Pflichten entstehen, da es verschiedene Vertragsfassungen mit voneinander abweichenden Konditionen und Preisen gibt.

Das sind die drei Möglichkeiten, und ich sage Ihnen auch gleich, was Sie beachten sollten, wenn Sie als Mieter einen eigenen Anschluß beantragen:

1. Sie lassen sich durch eine private Kabelgesellschaft anschließen. Alle Kosten und Leistungen sind hier in einem einheitlichen monatlichen Nutzungsentgelt enthalten, deren Höhe zwischen 25 und 35 Mark pro Monat schwankt. Die private Kabelgesellschaft übernimmt für ihre Kunden Betrieb und Wartung des hausinternen Kabelnetzes und sämtliche Verpflichtungen gegenüber der Telekom. Sie bekommen also einen Komplett-Service für ein monatliches Nutzungsentgelt, in dem die Kosten für Installation im Haus, Telekom, Betrieb der Hausverteileranlage, Wartung und Reparatur enthalten sind. Möglicherweise müssen Sie aber mit der Kabel-Servicefirma einen Anschlußvertrag mit unter Umständen langen Kündigungsfristen abschließen.

Der Deutsche Mieterbund rät, vor Unterschreiben des Kabelmietvertrages bei einer Privatgesellschaft folgendes zu prüfen: Mindestlaufzeit, Verlängerungsmöglichkeiten, Kündigungsfristen (außerordentliche Kündigung bei Auszug?), zukünftige

Preiserhöhungen (wann, wie hoch?), Wartung und Störungsdienst.

Übrigens hat das Landgericht Mainz 1988 bestimmte Vertragsklauseln für unzulässig erklärt, zum Beispiel eine Gebührenanpassungsklausel, eine Klausel über die Mindestdauer von 144 Monaten und ein Haftungsausschluß für Störungen.

2. Sie beantragen bei der Telekom einen Einzelanschluß nur für Ihre Wohnung. Die Kosten betragen seit 1.7.1991 einmalig 65 Mark und monatlich 19,50 Mark. Die Post stellt nur den Übergabepunkt (im Keller), für die Leitung von dort in die Wohnung müssen Sie selber sorgen. Hierfür brauchen Sie eine Genehmigung des Vermieters. Bei dieser Anschlußmöglichkeit gibt es kurze Kündigungsfristen und eine geringe einmalige Zahlung, aber relativ hohe monatliche Belastungen.

3. Sie beteiligen sich an einem Sammelanschluß, dessen Inhaber entweder der Vermieter, aber auch ein einzelner Mieter oder eine Mietergemeinschaft sein kann. Die Kosten für den einmaligen Anschluß und auch die monatlichen Gebühren, die an die Telekom zu entrichten sind, sind sehr unterschiedlich. Die Telekom bietet nämlich nach Anzahl der angemeldeten Wohnungen Staffelpreise und Rabatte an. Der monatliche Normaltarif pro Wohnung liegt für die erste bis zehnte Wohneinheit bei 12,90 Mark monatlich. Hinzu kommen können

- eine Umlage der einmaligen Anschlußkosten der Telekom; sie beträgt 675 Mark für die erste Wohnung, für die zweite bis vierte Wohnung 450 Mark und dann schrittweise weniger;
- Installationskosten für die Hausverteilung;
- Betriebskosten für die hausinterne Verkabelung.

So kann es zu monatlichen Gesamtkosten von weit über 12,90 Mark, aber auch unter 10 Mark monatlich kommen. Das hängt davon ab, ob der Anschlußinhaber (zum Beispiel der Vermieter) die von der Telekom ab der sechsten Wohnung eingeräumten Rabatte in Anspruch nimmt und unter Umständen nicht alle Kosten (zum Beispiel Baukosten) voll umlegt.

Da beim Sammelanschluß eine Person den Antrag stellt, wird sie auch Vertragspartner der Telekom und ist Mittelsmann zwischen ihr und den übrigen Mietern. Der Antragssteller muß das Kostenrisiko für alle anderen angeschlossenen Wohnungen mittragen und die Abrechnungen intern vornehmen.

Sie haben als Mieter übrigens keinen Anspruch darauf, daß der Vermieter das für Sie tut, sagt das Amtsgericht Hamburg (WM 1990, 70).

Als Anschlußnehmer können Sie zwischen folgenden Möglichkeiten wählen:

- Sie können alle vorhandenen Wohnungen bei der Telekom anmelden und dafür pauschal bezahlen; in diesem Fall bekommen Sie einen Rabatt von 30%.
- Sie können nur die tatsächlich angeschlossenen Wohnungen anmelden und nur für diese an die Telekom bezahlen. Hier gibt es allerdings keine Rabatte. Damit ist dies für die einzelnen Mieter logischerweise teurer.

Verkompliziert wird die ganze Sache dadurch, daß sich die vom Anschlußnehmer mit der Telekom und den Nutzern abzurechnenden monatlichen Beträge immer dann ändern, wenn sich die Anzahl der angeschlossenen Wohnungen ändert. Auch wenn Sie den Pauschaltarif mit 30% Rabatt in Anspruch nehmen, müssen Sie mit der sich gegebenenfalls verändernden Anzahl der tatsächlich angeschlossenen Bewohner abrechnen, obwohl die in diesem Fall an die Telekom zu zahlende Summe gleich bleibt. Der Pauschaltarif erleichtert also die interne Abrechnung nur, wenn alle Mieter angeschlossen werden.

Daraus folgt, daß diese Anschlußmöglichkeit für Mieter in Eigenregie viel zu aufwendig wäre. Praktisch kann sie daher nur von einem Vermieter als Anschlußnehmer praktiziert werden.

Der kann die Kosten dann im Rahmen der Nebenkostenabrechnung verteilen.

Achtung: Die Rundfunkgebühren, die zur Zeit 19 Mark pro Monat betragen, müssen Sie in allen drei Fällen wie bisher weiter zahlen.

Geändert hat sich gegenüber früheren Bestimmungen, daß der erste Anschlußnehmer nicht mehr automatisch zuständig für die Anschlüsse innerhalb des Hauses ist. Das heißt, daß die drei Anschluß-Möglichkeiten in einem Hause theoretisch auch nebeneinander vorkommen können. Früher hatte der erste Anschlußnehmer ein »Postmonopol« für den einzig möglichen Übergabepunkt im Haus.

Ob verschiedene Anschlußformen in der Praxis tatsächlich durchgeführt werden können, hängt jedoch nicht zuletzt davon ab, ob der Vermieter die unterschiedliche Benutzung eines Leitungsnetzes oder die Installation zusätzlicher Leitungen erlaubt.

Muß ein Mieter fragen, wenn er Kabelanschluß auf eigene Kosten möchte?

Die Installation von Telefon- und Antennenanschlüssen müssen Mietern – da sind sich Gerichte völlig einig – vom Vermieter in jedem Fall erlaubt werden. Heute dürfte es auch keine Diskussionen darüber geben, daß diese Erlaubnis sich auch auf das Breitbandkabel bezieht, zumal der Übergabepunkt im Keller nach den Konditionen der Telekom jetzt allen möglichen Nutzern offensteht. Bei der Verkabelung – und zwar in allen drei oben genannten Fällen – ist allerdings eine Erlaubnis des Vermieters dafür erforderlich, daß die Telekom einen Übergabepunkt im Keller installiert und daß von dort ein Kabelnetz zu der beziehungsweise zu den einzelnen Wohnungen gelegt wird. Zusätzliche Leitungen können, wie auch beim Telefon, technisch problemlos gelegt werden.

Der Deutsche Mieterbund argumentiert, daß der Vermieter vor allem dann eine Genehmigung für den Anschluß einzelner Mieterwohnungen nicht verweigern dürfe, wenn der Mieter hierfür alle Kosten übernimmt. Der Mieter muß in einem solchen Fall allerdings sämtliche Verpflichtungen aus dem Anschließungsvertrag mit der Telekom oder der privaten Servicegesellschaft übernehmen und die Installation der Leitung vom Übergabepunkt bis in die Wohnung fachgerecht ausführen lassen. Zieht er aus, muß er die Leitung entfernen und den ursprünglichen Zustand wieder herstellen, soweit mit dem Vermieter nichts anderes vereinbart wurde.

Für Mieter einer Eigentumswohnung gilt: Sie haben den vertraglichen Anspruch auf Zustimmung des Vermieters zur Installation. Da dieser aber nur Allein-Eigentümer der Wohnung und nicht des Hauses ist, muß er seinerseits von der Eigentümergemeinschaft im Interesse seines Mieters die Zustimmung zu notwendigen Installationsarbeiten im Gemeinschaftseigentum, zum Beispiel im Treppenhaus außerhalb der einzelnen Eigentumswohnungen, verlangen.

Wird im Einzelfall kein wichtiges Interesse der Gemeinschaft verletzt, kann er diese Genehmigung verlangen.

Der Vermieter ist seinem Mieter gegenüber laut Mietvertrag verpflichtet, diese Zustimmung der Eigentümergemeinschaft einzuholen.

Eines aber sollte Ihnen als Mieter auch klar sein: Sie können Ihren Vermieter nicht zwingen, daß er auf seine Kosten eine Verkabelung durchführt oder sich als Anschlußnehmer einer Gesamtlösung zur Verfügung stellt. Er muß lediglich gestatten, daß die technischen Voraussetzungen für eine Verkabelung geschaffen werden.

Was ist, wenn der Mieter nicht verkabelt werden will?

Doch es gibt auch die andere Seite, nämlich die, daß der Mieter nicht verkabelt werden will, der Vermieter aber einen solchen Schritt plant. Muß der Mieter sich nun trotzdem gegen seinen Willen an einer anstehenden Gesamtverkabelung des Hauses beteiligen und dafür zahlen?

Auch wenn sich jetzt jeder einzelne Bürger, wie erläutert, direkt bei der Telekom oder über eine Privatgesellschaft anschließen lassen kann, besteht nach wie vor die Möglichkeit, daß der Vermieter bei einem Neuanschluß darauf besteht, alle Wohnungen anzuschließen und alle Mieter an den Kosten zu beteiligen.

Der Vermieter kann diesen Schritt damit begründen, daß der Kabelanschluß eine Modernisierung sei. Die muß der Mieter dulden – ebenso (unter bestimmten Bedingungen, zu denen ich gleich komme) eine anteilige Kostenbeteiligung im Wege einer Mieterhöhung. Allerdings darf der Vermieter den Kabelanschluß nicht als Reparatur deklarieren, mit der nur eine alte »Gemeinschaftsantenne« ersetzt werden soll, hat das Kammergericht Berlin in einem Rechtsentscheid festgestellt. (WM 1985, 248).

Wann ist Kabelfernsehen eine Modernisierung?

Hat das Haus noch keine Gemeinschaftsantenne, stellt die Einrichtung einer Empfangsmöglichkeit für Fernsehen und Rundfunk durch den Vermieter eine Verbesserungsmaßnahme für die Wohnung dar, sagt das Amtsgericht Berlin-Tiergarten (in Zeitschrift »Mietermagazin«, 1985, 171). Und zwar unabhängig davon, ob der im Moment dort wohnende Mieter dies wünscht und ob er überhaupt ein Fernsehgerät besitzt. Ein Anschluß muß vom Mieter nur dann nicht geduldet werden, wenn dadurch für ihn eine nicht zu rechtfertigende Härte entsteht – etwa eine Mieterhöhung (darauf komme ich gleich noch zu sprechen), eine vor kurzem von ihm errichtete und nun wertlos gewordene Dachantenne, oder die Kabelgebühren, die er nicht aufbringen kann.

Ist im Haus schon eine Gemeinschaftsantenne vorhanden, ist die Duldungspflicht umstritten. Lediglich für die Stadt Berlin besteht ein Grundsatzurteil (Kammergericht Berlin, WM 1985, 248). Demnach bedeutet der Anschluß ans Kabelnetz eine »Maßnahme zur Verbesserung der gemieteten Räume« im Sinne von § 541 BGB, da – so das Gericht – allgemein der Mietwert einer Wohnung höher eingeschätzt wird, in der mehr Fernsehprogramme zur Verfügung stehen als diejenigen, die man mit einer Antenne empfangen kann.

Der Deutsche Mieterbund ist hier jedoch der Auffassung, daß auch mit dieser Einschränkung die Annahme des Gerichtes nicht verallgemeinert werden kann. Es könne, so die Mieterorganisation in ihrem »Mieterlexikon«, »bisher nicht festgestellt werden, ob nach Ansicht der Mehrzahl der Mieter der Wohnwert einer Wohnung allein dadurch gesteigert wird, daß nur die Anzahl der Fernsehprogramme größer ist. Dann müßten solche Wohnungen nämlich allgemein leichter oder teurer zu vermieten sein. Ein solcher allgemeiner Trend ist bisher nicht festzustellen.«

Generell kann gesagt werden, daß bislang von einer einheitlichen Rechtsprechung in diesem Punkt nicht die Rede sein kann und daß die weitere Entwicklung noch abgewartet werden muß, vor allem, nachdem jetzt das Monopol der Post beim Kabelanschluß gebrochen worden ist.

Unwirksam ist in jedem Fall eine Klausel im Mietvertrag, nach der sich der Mieter von vornherein mit einer späteren Installation und Kostenbeteiligung einverstanden erklärt, sagen der Bundesgerichtshof (WM 91, 381) und das Oberlandesgericht Celle (WM 90, 103).

Kabelanschluß und Umlagen

Läßt ein Vermieter einen Kabelanschluß einrichten, kann er trotzdem nicht automatisch die Miete erhöhen. Auch wenn der Mieter dulden muß, daß seine Wohnung gegen seinen Willen angeschlossen wird, muß er sich deshalb nicht an allen Kosten beteiligen.

Beim Einzug in eine Wohnung, die schon verkabelt ist, richten sich die Kosten nach den Abmachungen im Mietvertrag; die laufenden monatlichen Kosten der Telekom und die Kosten für das Kabelnetz im Haus (Betriebsstrom und Wartung) sind als Betriebskosten umlagefähig, wenn es im Vertrag steht. Anschluß- oder Montagekosten sind allerdings bereits zur Zeit des Vormieters angefallen und können nicht mehr verlangt werden.

Auch wenn Sie als Mieter dem Kabelanschluß zugestimmt haben, ihn nutzen und die Kosten tragen, darf der Vermieter an Sie nur die tatsächlich gezahlten Kosten weitergeben. Rabatte der Telekom müssen an die Mieter weitergegeben werden. Für leerstehende Wohnungen muß entweder der Vermieter selbst zahlen, oder er muß die Wohnungen abmelden und die Anschlußdose verplomben lassen.

Haben Sie als Mieter zwar keine Einwände gegen den Anschluß in Ihrer Wohnung, wollen ihn aber nicht nutzen, brauchen Sie auch nicht zu zahlen. Sie müssen aber dem Vermieter unmißverständlich mitteilen, daß Sie lediglich die Installation der Anschlußdose in Ihrer Wohnung dulden. Der wiederum muß dann die Anschlußdose verplomben lassen, wenn er die Kosten für diese Wohnung sparen will.

Zu den einzelnen Kostenpunkten. Unterschieden wird zwischen:

1. Installationskosten für die Hausverteileranlage. Sie können ohne Zustimmung des Mieters zu einer Mieterhöhung führen, wenn der Anschluß eine Modernisierung ist und wenn durch den

Anschluß der Gebrauchswert der Wohnung nachhaltig erhöht wird. Das ergibt sich für freifinanzierte Wohnungen aus § 3 MHG und für Sozialwohnungen aus § 6 Abs. 1 NMV; § 11 Abs. 6 und 7 der II. BV.

Für den Deutschen Mieterbund ist eine nachhaltige Verbesserung zweifelhaft, da die Telekom keine Gewähr dafür übernimmt, welche beziehungsweise ob überhaupt dauerhaft in Zukunft zusätzliche Programme im Kabel übertragen werden. Dies ist zum Beispiel davon abhängig, ob Verträge mit internationalen Satellitenbetreibern weiterlaufen und die Kanäle und Fernsehrechte nicht anderweitig vergeben und vermietet werden.

Hält man nun den Gebrauchswert der Wohnung trotzdem für nachhaltig erhöht, kann der Vermieter bei freifinanzierten Wohnungen höchstens einen Betrag von 11% der Baukosten für die Hausverkabelung, verteilt auf alle angeschlossenen Wohnungen, pro Jahr verlangen. Außerdem muß er die Maßnahme vorher ordnungsgemäß ankündigen, außer bei Bagatellbeträgen. Tut er dies nicht, hat er kein Recht zur nachträglichen Mieterhöhung, lautet ein Rechtsentscheid des Kammergerichts Berlin WM 1988, 389). Allerdings gibt es einen aktuellen Rechtsentscheid des Oberlandesgerichts Stuttgart (WM 1991, 332), wonach eine Mieterhöhung auch ohne ordnungsgemäße Ankündigung dann möglich ist, wenn die Arbeiten in der Wohnung des Mieters durchgeführt wurden und wenn er sie geduldet hat, indem er den Handwerkern Zutritt gewährt hat.

Tip des Mieterbundes: Ohne Ankündigung keinen Handwerker in die Wohnung lassen (Ausnahme: Rohrbrüche und ähnliche dringende Reparaturen)!

Bei Sozialwohnungen darf der Vermieter die Kostenmiete neu festsetzen, wenn die Bewilligungsbehörde der Verkabelung vorher zugestimmt hat.

Keine Urteile gibt es bisher darüber, ob die einmaligen Anschlußkosten nach dem 1.7.1991 zu den Baukosten zählen und ob sie der Vermieter daher bei der Berechnung einer Mieterhöhung mit berücksichtigen darf.

2. Laufende monatliche Kosten der Telekom. Sie müssen nur von Mietern gezahlt werden, die den Anschluß auch nutzen. Diese Kosten werden behandelt wie Betriebskosten (Ziffer 15 b der Anlage 3 zu § 27 Abs. 2 der II. BV). Während des laufenden Mietvertrages neu entstandene Betriebskosten sind nur umlagefähig, wenn sie entweder unabhängig vom Willen des Vermieters entstanden oder zur ordnungsgemäßen Verwaltung des Grundstücks zwingend notwendig sind. Auf die Telekom-Kosten trifft beides nicht zu. Für Sozialmieter ist das ausdrücklich in § 24 a Abs. 2 NMV gesetzlich geregelt.

Bestellt der Vermieter einen Anschluß bei einer privaten Kabelservice-Gesellschaft auch für Wohnungen, deren Mieter das nicht wollen, kann er die monatliche Kabelmiete nicht als Betriebskosten verlangen. Begründung: Privatgesellschaften ermöglichen ja gerade den Anschluß nur der einzelnen Wohnungen, in denen die Bewohner damit einverstanden sind.

3. Betriebskosten für die private Hausverteileranlage (Betriebsstrom, Wartung). Sie können bei freifinanzierten Wohnungen nur von den damit einverstandenen Mietern, bei Sozialwohnungen allerdings von allen Mietern nach § 24 a Abs. 1 NMV anteilig verlangt werden.

Wohin mit der Gemeinschaftsantenne nach der Verkabelung?

Ist das Kabel glücklich installiert, wird der Vermieter die Gemeinschaftsantenne loswerden wollen, weil diese ja Wartungs- und Reparaturkosten verschlingt. Da aber jeder einzelne Mieter an dieser Antenne ein vertragliches Nutzungsrecht hat, auch wenn dies nicht ausdrücklich im Mietvertrag steht, ist ein Abbau nur

Für die neuen Bundesländer gilt:

Seit dem 1.10.1991 können von allen angeschlossenen Mietern sowohl die laufenden monatlichen Kosten der Telekom als auch die Kosten der Hausverteilung als Betriebskosten verlangt werden, unabhängig davon, ob sie einverstanden sind oder nicht.

nach Zustimmung aller Mieter möglich. Ohne Zustimmung darf der Vermieter die Antenne nicht durch Kabel ersetzen (Rechtsentscheid des Kammergerichts Berlin WM 1985, 248). In Eigentumswohnanlagen ist ein einstimmiger Beschluß der Eigentümer erforderlich. Es soll Leute geben, denen einiges am Antennenempfang liegt – nicht zuletzt, weil Lang-, Kurz- und Mittelwellen-Rundfunkempfang über Breitbandkabel nicht möglich ist. Technisch ist jedoch eine Kombination zwischen diesem Antennenteil und dem Kabelanschluß möglich.

Parabolantenne

Da es sich bei der Parabolantenne um eine noch relativ neue, jedoch sich schnell verbreitende Technik handelt, ist die Rechtsprechung zu diesem Thema noch nicht allzu umfangreich, wenngleich eine Wandlung im Denken der Richter unverkennbar ist.

Der Vermieter kann vom Mieter die Entfernung einer auf dem

Dach installierten Parabolantenne verlangen, sagte noch 1989 das Amtsgericht Frankfurt, denn die Anbringung eines Parabolspiegels mit einem Durchmesser von ca. 1,50 Meter auf dem Dach des Hauses sei durch den vertragsgemäßen Gebrauch der Mietsache nicht gedeckt (Az. 33 C 432/89 31).

Das Informationsinteresse des Mieters, so das Gericht, rechtfertige es nicht, ihm die Anbringung einer solchen privaten Antennenanlage zu gestatten. Er könne über die Gemeinschaftsantenne die üblichen Fernseh- und Radioprogramme empfangen. Damit sei seinem Informationsbedürfnis hinreichend Rechnung getragen. Der Vermieter handele nicht rechtsmißbräuchlich, indem er sich auf die vertraglichen Vereinbarungen berufe, die die Errichtung von Empfangsanlagen betreffen. Er müsse es nicht hinnehmen, daß auf den Dächern seiner Häuser ein Wald von Antennen und Parabolspiegeln entsteht.

Auch sei laut Gericht die Befürchtung nicht von der Hand zu weisen, daß bei der Montage der Einrichtungen die Dachhaut beschädigt werden kann.

Inzwischen hat das Oberlandesgericht Frankfurt entschieden, daß der Mieter eben doch einen Anspruch auf eine Parabolantenne habe. Sie müsse jedoch fachmännisch, an geeigentem Ort und möglichst optisch unauffällig angebracht werden (RE WM 1992, 458). Ferner dürfe kein Breitbandkabel-Anschluß im Haus bestehen und keine Gemeinschafts-Parabolantenne verfügbar sein oder es müsse ungewiß sein, wann deren Anschluß vorgenommen werde.

Hat der Mieter ein besonderes Interesse, etwa türkisch-, englisch- oder italienischsprachige Programme zu empfangen (etwa als Gastbarbeiter, Journalist oder Fremdsprachenkorrespondent), kann ihm sicherlich der Vermieter eine eigene Parabolantenne nicht versagen. Ich denke, daß sich diese Einrichtung innerhalb weniger Jahre generell durchgesetzt hat – auch, wenn sich über deren Optik trefflich streiten läßt. Glücklich kann sich schätzen, wer einen Balkon sein eigen nennt, auf dem er eine solche Antenne aufstellen kann – ähnlich wie einen Gartentisch oder Blumenkasten. Denn dann dürfte einem vertragsgemäßen Gebrauch des Balkons nichts im Wege stehen, wenn nicht gerade dem Nachbarn die Sonne weggenommen wird …

Wer sich übrigens mit diesem Thema intensiver auseinandersetzen will, dem empfehle ich die Broschüre »Satellitenantennen« von Frank-Georg Pfeifer, erschienen beim Zentralverband der Deutschen Haus-, Wohnungs- und Grundeigentümer, Cecilienallee 45, 40597 Düsseldorf. Sie kostet neun Mark.

6.
Mietminderung – ein leidiges Kapitel

Der Vermieter ist nach §§ 537, 539 und 548 BGB (siehe Anhang) verpflichtet, die Räume in mängelfreiem Zustand zu vermieten. Außerdem ist er dafür zuständig, daß dieser Zustand während der gesamten Mietzeit erhalten bleibt. Wenn der Wert einer Wohnung durch bestimmte Mängel gemindert ist, hat der Mieter das Recht, deren Beseitigung zu verlangen. Er hat einklagbaren Anspruch auf einen vertragsgemäßen Zustand der Mietsache (Wohnung, gewerblich genutzte Räume, Garage und so weiter). Wenn der Vermieter diese Mängel nicht beseitigt, kann der Mieter – je nach Schwere – die Miete kürzen oder deren Zahlung sogar völlig einstellen. Er kann sogar auf Schadenersatz sowie auf Erstattung der Kosten pochen, falls er die Mängel selbst beseitigen läßt.

Nun gibt es verschiedene Arten von Mängeln:

- Sachmängel, die direkt die »Mietsache« betreffen – beispielsweise feuchte Wände oder eine auch im Winter kalte Heizung.
- Eigenschaftsmängel, wenn beispielsweise die vom Vermieter laut Vertrag zugesicherte »ruhige« Wohnung direkt an einer vielbefahrenen Kreuzung liegt. Oder wenn sie kleiner ist als im Vertrag ausgewiesen. Oder wenn sie verborgene Baumängel hat, die zwar bereits beim Einzug vorhanden sind, die der Mieter aber erst später erkennt.

Kennt der Mieter die Mängel beim Einzug oder hätte er sie erkennen können, wenn er die Wohnung sorgfältig angesehen hätte, dann hat er nach § 539 BGB kein Recht auf eine Mietminderung, wenn er nicht gleich nach Erkennen auf eine Beseitigung der Mängel besteht. Das Gesetz geht davon aus, daß in diesem Fall die Miete von vornherein niedriger angesetzt würde.

Ausnahmen:

- Der Vermieter hat die Mängel arglistig verschwiegen.
- Der Mieter hat den Mangel erkannt und zahlt seine Miete nur deswegen vorbehaltlos weiter, weil der Vermieter versprochen hat, den Mangel sofort abzustellen.

Normalerweise kann sich ein Mieter darauf verlassen, daß eine Wohnung auch tatsächlich die vom Vermieter angegebenen Eigenschaften besitzt. Auf alle Fälle kann man vom Mieter nicht verlangen, eine Wohnung vor Vertragsabschluß aufs i-Tüpfelchen zu untersuchen. Laut Bundesgerichtshof ist der Mieter nicht zu eigenen Nachforschungen und genauer Überprüfung des Objekts verpflichtet – auch dann nicht, wenn der Vermieter Zusicherungen gibt, ohne Unterlagen dafür vorzulegen (Urteil nach »Monatsschrift für Deutsches Recht«, 1964, S. 915).

Natürlich können gewisse Mängel erst im Laufe der Zeit eintreten. Undichte Fenster, kaputte Heizungen und feuchte Wände mindern den Wert einer Wohnung. Der Mieter kann in so einem Fall die Miete herabsetzen, weil ja auch die Leistung, für die er bezahlt, geringer geworden ist. Natürlich nur, wenn er nicht selber Schuld am »Verfall« der Wohnung ist.

Folgende Voraussetzungen kann ein Mieter von einer Wohnung erwarten:

- Die Räume dürfen nicht in einem gesundheitsgefährdenden Zustand sein. Trockene Wände, dichte Fenster und Türen, kein Ungeziefer – all das darf vorausgesetzt werden.
- Elektrische und sanitäre Einrichtungen dürfen kein ständiges Ärgernis für den Mieter werden. Verstopfte Abflüsse, defekte elektrische Leitungen, Steckdosen oder Wasserpumpen geben dem Mieter das Recht, zu reklamieren.

- Ist die Wohnung inklusive Heizung vermietet, muß sich der Vermieter um ihren ordnungsgemäßen Zustand kümmern. Auch eine mangelhafte Heizungsanlage oder eine, die aus Konstruktionsgründen unwirtschaftlich arbeitet, gehen auf seine Kappe. Ordnungsgemäße Wärmedämmung und richtig schließende Fenster als Voraussetzung für geringe Heizkosten sind ebenfalls Sache des Vermieters.
- Auch Lärm kann mietmindernd wirken. Krach aus der Disco nebenan, von der Maschinenfabrik gegenüber oder von ständig betriebenen Garagentoren muß sich ein Mieter nicht gefallen lassen, wenn er den Lärm des Ortsüblichen übersteigt. Wobei entscheidend ist, ob Sie in einem Wohn-, Misch- oder Industriegebiet wohnen. Dasselbe gilt beispielsweise auch für Rauch- oder Geruchsbelästigungen.

Ist der Mangel erst während der Mietzeit eingetreten, haftet der Vermieter nur bei eigenem Verschulden. Gewisse Veränderungen oder Verschlechterungen der Wohnung sind nach § 548 BGB in Kauf zu nehmen, wenn sie »durch den vertragsmäßigen Gebrauch herbeigeführt werden« – sprich: durch alltägliche Abnutzung. Bekommt Ihr Teppichboden durch das Gewicht des Schrankes Druckstellen, verschließen Sie Dübellöcher im Bad, ist die Türschwelle abgewetzt oder ist die Tapete an manchen Stellen, wo einst ein Bild hing, heller, kann Ihr Vermieter sicher nichts dafür.

Stellen Sie einen Mangel fest, müssen Sie den natürlich unverzüglich melden (§ 545 BGB); die Form spielt dabei keine Rolle. Berichten Sie dem Vermieter mündlich von dem Mangel, sollten Sie einen Zeugen hinzuziehen. Melden Sie einen Mangel nicht, verlieren Sie Ihr Minderungsrecht (§ 545 Abs. 2 BGB) und machen sich gegebenenfalls sogar gegenüber dem Vermieter schadensersatzpflichtig.

Wenn der Vermieter nun nicht für Abhilfe sorgt, können Sie die Miete kürzen – und zwar für den Zeitraum, in dem die »erhebliche Minderung« bestand. Am besten, Sie kündigen als Mieter an, ab sofort die Miete nur noch unter Vorbehalt zu zahlen. Damit halten Sie sich die Möglichkeit offen, zuviel bezahlte Miete zurückfordern zu können.

Wenn die Wohnung wieder volltauglich nutzbar ist, muß die Miete selbstverständlich wieder voll bezahlt werden. Es ist übrigens nicht zulässig, durch eine Vereinbarung im Mietvertrag das Mietminderungsrecht auszuschließen (§ 537 Abs. 3 BGB). Außerdem muß der Mieter die Minderung nicht vorher ankündigen (Landgericht Hamburg, WM 1980, 126).

Von Germanen und fremden Völkern

Leider sehen es noch immer viele Bundesbürger nicht gern, wenn Nicht-Germanen im Haus wohnen. So zog eine Mieterin mehrfach vor Gericht, die den Wohnwert ihres Heims durch tamilische Asylbewerber gemindert sah. Sie beanstandete, daß Fenster und Treppenhaus nicht regelmäßig geputzt und gelüftet würden, die Leute barfuß liefen und das Treppenhaus nicht nach deutscher Hausmannskost, sondern fremden Gewürzen röche. Zum Glück wies das Amtsgericht Lünen diese »Argumente« ab, mit denen sie ihre Miete kürzen wollte. Recht bekam die Dame allerdings mit ihrer Klage über die regelmäßigen, lautstarken Familienfeiern, die sich bis in die Nacht hinzogen. Das Gericht billigte ihr deshalb eine 20prozentige Mietminderung zu.

§ *Az. Zw 14 C 182/86.*

Gerichtsurteile zum Thema

Hier ein paar Urteile, die sagen, in welchem Rahmen Mietminderungen zulässig sind. Die Prozentzahl bezieht sich auf die Nettomiete ohne Nebenkosten. Selbstverständlich können diese Urteile nur ein Anhaltspunkt sein, da letztlich doch jeder Fall anders gelagert ist.*

Mangel	**Minderung in %**	**Urteil**
Die übliche Neubaufeuchtigkeit in der Wohnung ist kein Mangel. Der Mieter muß ihr durch Lüften und Wegrücken der Möbel von den Wänden begegnen.	0%	Amtsgericht Langen, Az. 3 C 293/81
Fehlende Beleuchtung im Keller ist zwar ein Mangel, aber kein erheblicher, wenn den Kellergang natürliches Licht erreicht. Eine Minderung ist nicht gerechtfertigt.	0%	Amtsgericht Pinneberg, Az. 35 C 521/78
Geräusche, die aus einer Wohnung kommen und ein vertretbares Maß nicht übersteigen, stellen eine nur unerhebliche Minderung dar.	0%	Amtsgericht Steinfurt, Az. 3 C 230/77

* Literaturtip: Broschüre »Mietminderungsliste« mit vielen weiteren aktuellen Urteilen, Alexandra-Verlag München, DM 18,50

Mangel	Minderung in %	Urteil
Trübung von Isolierglasscheiben	0,5 – 1%	Amtsgericht Miesbach, Az. 3 C 585/84
Dauernder Defekt des Hausmüllschluckers	2,5%	Amtsgericht Hamburg, Az. 48 C 1464/79
Postzustellung wegen fehlenden Briefkastens nicht möglich	3%	Amtsgericht Hamburg, Az. 40 C 305/73
Herd/Backofen unbenutzbar	3%	Amtsgericht München, Az. 23 C 8930/84
In Altbau dringt gelegentlich Wasser durch die Decke in die Wohnung	5%	Amtsgericht Nidda, Az. 1 C 95/81
Kellerwände sind nach Regenfällen feucht	5%	Amtsgericht Düren, Az. 8 C 465/81
Die zentrale Absaugevorrichtung ist als einzige Entlüftung der Toilette kaputt	5%	Amtsgericht Köln, Az. 152 C 3198/77
Starker Lärm durch einen Waschsalon im Hause	7%	Amtsgericht Hamburg, 43 C 268/74

Mangel	Minderung in %	Urteil
Durchfeuchtung der Zimmerdecke	8%	Landgericht Hamburg, Az. 11 S 86/71
Oberlicht läßt sich wegen mangelhaftem Zustand nicht öffnen	10%	Amtsgericht Hagen, Az. 6 C 461/81
Fensterläden sind entfernt	10%	Amtsgericht Friedberg, Az. C 117/75
Wohnung ist feucht, Schimmelbildung hinter Heizkörper	10%	Amtsgericht Darmstadt , Az. 37 C 2894/78
Lärm und sonstige Belästigungen durch eine Kinderarztpraxis unter der Mietwohnung	10%	Amtsgericht Bad Schwartau, Az. C 291/75
Häufige Lärmbelästigung durch Mitmieter, verbunden mit mehrmaliger wöchentlicher Störung der Nachtruhe	10%	Amtsgericht Frankfurt, Az. 33 C 40/58
Rostiges Leitungswasser, weil Hauswasserleitung renovierungsbedürftig	10%	Amtsgericht Köln, Az. 211(154) C 3195/79
Früh am Morgen und spät am Abend Lärm durch kinderreiche Mitmieter	11%	Landgericht Köln, Az. 12 S 389/70

Mangel	**Minderung in %**	**Urteil**
Lärmbelästigung durch Mitmieter	10 – 13%	Landgericht Hamburg, Az. 11 S 108/78
Mangelhafte Beheizung während der kalten Jahreszeit über längere Zeit	bis zu 15%	Amtsgericht Köln, Az. 153a C 587/73
Wohnungseingangstür fehlt	15%	Landgericht Düsseldorf, Az. 12 S 382/72
Im Vertrag steht, daß die Wohnung auf 20 Grad C erwärmt wird. In Wahrheit aber beträgt die Temperatur regelmäßig nur 17 – 18 Grad C	16 – 17%	Landgericht Hamburg, Az. 19 S 143/60
Lärm und Geruchsbelästigung durch eine Imbißstube im Haus, die vor einer Nutzungsänderung eine Drogerie war	20%	Amtsgericht Braunschweig, Az. 12 C 88/81
Unbenutzbarkeit der Badewanne	20%	Amtsgericht Goslar, Az. 8 C 716/72
Nachbar hält mehr als 100 Tauben	25%	Amtsgericht Dortmund, Az. 121 C 151/79

Mangel	Minderung in %	Urteil
Mieter hat Angst davor, Opfer krimineller Handlungen seiner Nachbarn zu werden	25%	Amtsgericht Köln, Az. 152 C 1322/77
Wasserschäden an Wohnzimmerdecke und Wänden	25%	Amtsgericht Aachen, Az. 15 C 417/71
Ausfall der Heizungsanlage	25%	Amtsgericht Waldbröl, 3 C 396/80
Wohnzimmer ist unbenutzbar, da Zimmerdecke infolge Wasserschadens einzustürzen droht	30%	Amtsgericht Bochum, Az. 5 C 668/78
Erhebliche Lärmbelästigung durch Disco	30%	Amtsgericht Köln, Az. 155 C 5035/77
Aus WC und Badewanne treten wegen defekter Installation Fäkalien aus	38%	Amtsgericht Groß-Gerau, Az. 21 C 133/78
Alle Fenster einer Wohnung sind undicht, die Wohnung ist deshalb feucht	50%	Amtsgericht Leverkusen, Az. 28 C 215/80
Wasser tropft durch die Decke und beschädigt Wände, Fußboden und Möbel	50%	Amtsgericht Leverkusen, Az. 23 C 471/76

Mangel	Minderung in %	Urteil
Überschwemmung der Wohnung, unerträglicher Gestank und Schaden des Teppichbodens, Benutzung der Wohnung für mehrere Wochen beeinträchtigt	80%	Amtsgericht Friedberg, Az. C 389/82
Totaler Heizungsausfall von September bis Februar	100%	Landgericht Hamburg, Az. 7 O 80/74
Haus befindet sich in einem Zustand, der die Vermietung auf dem freiem Wohnungsmarkt unmöglich macht: ein Teil der Räume kann nicht beheizt werden, ein anderer hat Löcher in der Zimmerdecke, Gartentreppe unbenutzbar usw.	100%	Landgericht Wiesbaden, Az. 1 S 426/76

Die Rechtmäßigkeit Ihrer Mietminderung können Sie per Feststellungsklage beurteilen lassen. Wenn der Vermieter, aus welchen Gründen auch immer, sich weigert, die Mängel beseitigen zu lassen, haben Sie folgende Möglichkeiten:

- Sie lassen den Schaden auf eigene Kosten reparieren und verrechnen die Kosten mit der Miete. Einen solchen Schritt müssen Sie dem Vermieter einen Monat vorher ankündigen.
- Sie lassen den Schaden auf eigene Kosten reparieren und klagen die Kosten ein.
- Sie erheben Anklage gegen den Vermieter auf Durchführung der Reparaturen.

Welchen dieser Wege Sie im Einzelfall einschlagen sollten, besprechen Sie am besten mit Fachleuten. Holen Sie sich beim Mieterverein, bei Verbraucherschutzverbänden oder einem Anwalt Rat.

Ist Ihre Minderung berechtigt, kann Ihnen seitens des Vermieters überhaupt nichts geschehen. Sind Sie hingegen im Unrecht, zum Beispiel, weil Sie als Mieter selbst Schuld am Schaden sind, muß der Vermieter die Forderung gegen Sie einklagen. Haben Sie nichtgerechtfertigte Kürzungen vorgenommen, ohne jedoch fahrlässig gehandelt zu haben, ist dies kein Kündigungsgrund (Amtsgericht Köln, Az. 151 C 843/72).

Nimmt der Mieter jedoch eine ganz oder teilweise unberechtigte Kürzung der Miete über längere Zeit vor und macht der Kürzungsbetrag unter dem Strich mindestens zwei Monatsmieten aus, besteht die Möglichkeit, daß ihm gekündigt wird (Landgericht München I, Az. 14 S 14455/83).

Dabei ist es von Bedeutung, ob der Vermieter sich sofort gegen die Kürzung zur Wehr gesetzt und den Mieter mit nachvollziehbaren Gründen zur regulären Zahlung aufgefordert hat. Hat der Vermieter die Minderung stillschweigend akzeptiert, kann er später nicht mehr kündigen. Will der Mieter auf Nummer sicher gehen, kann er ein Sachverständigengutachten einholen. Bestätigt dieses Gutachten die Mängel, können die Kosten von der Miete abgezogen werden (Landgericht Offenburg WM 1984, 300).

Ist der Mieter am Mangel der Wohnung selber schuld, kann das Recht zur Mietminderung gänzlich entfallen. Die Folge wäre, daß eine fristlose Kündigung wegen Zahlungsverzug begründet ist, sagt das Amtsgericht Köln (Az. 207 C 465/80).

Teil IV:
Für Nachbarn, Mieter und Eigentümer: Wo es Hilfe gibt

1. Beratung und Broschüren

Nach Schätzungen von Experten ziehen in den alten Bundesländern jährlich 400 000 Eigentümer und Mieter gegen ihre Nachbarn vor Gericht – macht zusammen 800 000 Streithähne!

Natürlich rate ich Ihnen, den Ärger möglichst außergerichtlich aus der Welt zu schaffen. Dabei können Ihnen die anschließend aufgeführten Beratungs- und Schlichtungsstellen helfen. Wenn es aber doch nicht ohne Anwalt und Gericht geht, sollten Sie Ihre Rechte kennen, damit Sie sich nicht im Paragraphendschungel verirren. Dazu erfahren Sie hier das Wichtigste in aller Kürze.

Beratung für Mieter

In den meisten bundesdeutschen Städten gibt es **Mietervereine des Deutschen Mieterbundes (DMB)**. Sie verstehen sich als Interessensverbände der Mieter und verlangen einen Mitglieds-Jahresbeitrag unterschiedlicher Höhe. Mit dieser Mitgliedschaft erwirbt der Mieter das Recht, sich in allen Fragen beraten zu lassen, die mit seinem Mietvertrag zusammenhängen.

So beraten Mietervereine über

- die zweckmäßige Gestaltung des Vertrages
- die Rechte und Pflichten des Mieters
- richtiges Verhalten bei Konflikten mit dem Vermieter
- Heiz- und Nebenkostenabrechnungen
- Mieterhöhungen

- Kündigungsfragen
- Stellung von Wohngeldanträgen.

Mietervereine wissen, welche Anwälte im Konfliktfall aufs Mietrecht spezialisiert sind. Oder sie übernehmen sogar selbst den Fall. Wenn Sie in Ihrem Telefonbuch Ihren örtlichen Mieterverein nicht finden können oder wenn es in Ihrem Ort keinen Mieterverein gibt, wenden Sie sich an folgende Adresse; dort weiß man sicher, wo der für Sie zuständige Mieterverein seinen Sitz hat. Hier erhalten Sie auch weitergehende Informationen.

Deutscher Mieterbund
Aachener Straße 313
50931 Köln

Zahlreiche Broschüren und Bücher erscheinen alljährlich in der Verlagsgesellschaft des Deutschen Mieterbundes, die Auskünfte über Rechte und Pflichten, vor allem der Mieter, geben. So gibt es dort das jährlich erscheinende »Mieterlexikon« und die Zeitschrift »Wohnungswirtschaft & Mietrecht« (WM), aus der ich viele in diesem Buch aufgeführten Gerichtsurteile sinngemäß zitiert habe. Fordern Sie eine Liste der beim Mieterbund erscheinenden Werke unter folgender Anschrift an:

Verlagsgesellschaft des Deutschen Mieterbundes
Aachener Straße 313
50931 Köln

In den 80er Jahren haben die genannten Mietervereine Konkurrenz bekommen – durch sogenannte »**alternative Mietervereine**«, die mit dem Deutschen Mieterbund nicht zufrieden waren. Dazu zählt die Organisation »Mieter helfen Mietern«, die es meines Wissens in Hamburg, Frankfurt, Nürnberg und München gibt. Welche Organisation den Mieter nun besser vertritt, bleibt Geschmackssache.

Hingegen raten Experten von anderen sogenannten Mietervereinen ab, da hier lediglich kommerzielle Interessen im Spiel seien. Faustregel: Wer seinen Mitgliedern keinen Einfluß auf die Zusammensetzung des Vorstandes zugesteht, hat nur seinen Reibach im Sinn.

Beratung für Haus-, Wohnungs- und Grundeigentümer

Der **Zentralverband der Deutschen Haus-, Wohnungs- und Grundeigentümer e. V.** ist in 29 Landesverbände mit rund tausend Ortsvereinen aufgegliedert. Jeder, der Haus- und Wohnungseigentümer ist oder es werden möchte, kann diesem Verband beitreten. Mit Sicherheit gibt es auch in Ihrer Nähe einen solchen Ortsverein. Hier können sich die Mitglieder beraten lassen über:

- Rechts-, Steuer- und Wirtschaftsfragen, die das Grundeigentum betreffen,
- ziviles und öffentliches Nachbarrecht,
- kommunale Abgaben,
- öffentliches und ziviles Baurecht,
- Wohnungseigentumsrecht.

Informationen erteilt:

Zentralverband der Haus-, Wohnungs- und Grundeigentümer
Cecilienallee 45
40597 Düsseldorf

Auch die Haus- und Grundbesitzervereine bieten zahlreiche Literatur an, so das umfangreiche Jahrbuch, das in allen Geschäftsstellen eingesehen werden kann und das Sie zum Preis von 36 Mark beim Zentralverband in Düsseldorf (Adresse siehe oben) bestellen können. Dort wird man Ihnen sicher auch gern mitteilen, was es sonst noch an Literatur gibt.

Tips und Broschüren für alle Nachbarn

Falls Sie sich intensiver mit dem Gesetz zur Regelung der Allgemeinen Geschäftsbedingungen (AGB-Gesetz) auseinandersetzen wollen, das das Kleingedruckte in Geschäfts- und somit auch Mietverträgen regelt, empfehle ich Ihnen aus der Reihe Beck-Texte im dtv das »Bürgerliche Gesetzbuch«.

Ziemlich regelmäßig beschäftigt sich auch die STIFTUNG WARENTEST mit dem Bereich des Wohn- und Mietrechts – vor allem in ihren Zeitschriften »test« und »FINANZtest«. Es mag sich durchaus lohnen, dort anzufragen, falls Sie aktuelle Mietprobleme haben. Die Anschrift:

Stiftung Warentest
Lützowplatz 11 – 13
10785 Berlin

Umfangreiches Informationsmaterial bieten auch die verschiedenen **Ministerien in Bonn** an. Hier eine Sammlung der wichtigsten **kostenlosen Broschüren**:

»Verbrauchsabhängige Abrechnung Heiz- und Warmwasserkosten«
beim
Bundesministerium für Wirtschaft
Referat Öffentlichkeitsarbeit
Postfach
53123 Bonn-Duisdorf

»Mustervereinbarung Modernisierung durch den Mieter«
und
»Das Mietrecht« (Eine Broschüre über Rechte und Pflichten von Mieter und Vermieter)
beim
Bundesministerium der Justiz
Referat Öffentlichkeitsarbeit
Postfach 20 03 65
53170 Bonn

»Wohngeld«
»Bau- und Wohnfibel« (für Häuslebauer und solche, die es werden wollen)
»Schlichten ist besser als richten« (über Beratungs- und Schlichtungsstellen)
beim
Presse- und Informationsamt
der Bundesregierung
Welckerstraße 11
53113 Bonn

Schlichten ist besser als richten

Falls Sie einen Rechtsratschlag brauchen, aber weder einem Mieterverein noch einem Haus- und Grundbesitzerverein beitreten wollen, und auch nicht das Geld für einen Anwalt haben, gibt es folgende Möglichkeit: Lassen Sie sich vom

Bundesministerium der Justiz, Referat für Öffentlichkeitsarbeit
Postfach 20 03 65
53170 Bonn

die Broschüre »Guter Rat ist nicht teuer« schicken. Diese Broschüre informiert Sie über das **Beratungshilfegesetz**, das Bürgern mit einem geringen Einkommen die mietrechtliche Beratung durch jeden **Anwalt** garantiert – gegen eine geringe Schutzgebühr von 20 Mark.

Beim **Amtsgericht** bekommen Sie auch eine kostenlose Rechtsberatung, wenn Sie wenig verdienen. In manchen Städten gibt es zusätzlich **öffentliche Rechtsauskunftsstellen**, die entweder kostenlos oder gegen eine geringe Gebühr weiterhelfen.

Wenn Sie in Frankfurt, Hamburg oder Düsseldorf wohnen, können Sie auch die dortigen **Schlichtungsstellen** für Mietstreitigkeiten in Anspruch nehmen. Diese Stellen, die es in anderen Städten nicht gibt, können einen Streit zwischen zwei Parteien beilegen, aber nur dann, wenn die jeweils andere Seite einverstanden ist. Zusätzliche Beratungen können diese Stellen jedoch nicht vornehmen.

Auch vor dem **Notar** können sich streitende Parteien einigen. Zu seinen Aufgaben gehört nämlich auch die »vorsorgende Rechtspflege«, das heißt, er kann unter Umständen zwischen den Streithähnen vermitteln. Auch wenn Sie zuvor mit Ihrem Kontrahenten eine Lösung gefunden haben, dem Frieden aber nicht so recht trauen, können Sie das Ergebnis Ihrer Einigung vom Notar beurkunden lassen. Damit haben Sie einen Vollstreckungstitel in der Tasche, der Ihnen im Ernstfall nützt.

2.
Wenn Sie vor Gericht gehen wollen oder müssen

Wer weder einem Verein beitreten will, noch über ein so geringes Einkommen verfügt, daß ihm eine quasi kostenlose mietrechtliche Beratung zusteht, sollte folgendes bedenken, wenn er wegen Streitigkeiten mit seinem Nachbarn, Mieter oder Vermieter den Weg zum Gericht gehen will oder muß.

Erstens: Er muß das, was er fordert oder behauptet, beweisen können. Ein Vermieter, der zum Beispiel eine höhere Miete will, muß nachweisen, daß diese geforderte höhere Miete der ortsüblichen Miete für vergleichbare Wohnungen entspricht. Ein Mieter, der zum Beispiel die Miete mindern will, muß beweisen, daß seine Wohnung einen nicht unerheblichen Mangel hat. Behauptet der Vermieter, daß dies nicht stimmt, liegt die Beweispflicht für diese Behauptung wiederum bei ihm.

Wenn man sich um Dinge streitet, die später kaum noch zu beweisen sind, empfiehlt sich ein Beweissicherungsverfahren, für das man beim zuständigen Amtsgericht einen Antrag stellen kann. Beispiel: Der Wohnungszustand beim Auszug.

Zweitens: Er muß wissen, wo er überhaupt seinen Streit anbringen kann. Grundsätzlich ist für Mietstreitigkeiten das **Amtsgericht** zuständig, in dessen Bezirk Sie wohnen. Wenn Sie in einer Großstadt leben, sollten Sie sich erkundigen, welches Amtsgericht für Sie zuständig ist. Das Amtsgericht verhandelt grundsätzlich alle zivilrechtlichen Auseinandersetzungen zwischen Privatpersonen sowie Strafsachen. Sie dürfen Ihre Interessen selbst vertreten – beim Amtsgericht gibt es keinen Anwaltszwang. Trotzdem rate ich Ihnen, einen Anwalt zu nehmen – weil's Ihr Gegner mit großer Wahrscheinlichkeit auch tut.

Beträgt der Streitwert höchstens 1500 Mark, ist eine Berufung gegen das Urteil nicht möglich. Handelt es sich nur indirekt um ein Mietproblem – will ein Mieter also beispielsweise Reparaturkosten für die Wohnung beim Vermieter einklagen – und beträgt der Streitwert mehr als 5000 Mark, kann auch ein **Landgericht** zuständig sein. Hier besteht Anwaltszwang.

Wollen Sie nicht Ihren Nachbarn, sondern eine Behörde verklagen, ist das **Verwaltungsgericht** zuständig.

Da die Anwalts- und Prozeßgebühren relativ kompliziert auszurechnen sind und auch ganz schön ins Geld gehen, sollten Sie sich in jedem Fall gut informieren, ehe Sie einen Rechtsstreit eingehen. Die folgende Übersicht zeigt Ihnen, wie der Streitwert festgelegt wird:*

Streitgegenstand	**Streitwert**
Räumung der Wohnung	Maximal die Jahresmiete inklusive Gebrauchsnebenkosten (z. B. Grundsteuer, Versicherung), jedoch ohne Verbrauchsnebenkosten (z. B. Strom, Wasser, Heizung)
Widerspruch des Mieters gegen eine Kündigung nach der Sozialklausel (§ 556 a und § 556 b BGB)	Summe des Mietzinses der Verlängerungsdauer

* Quelle: Finanztest Spezial: Mietrecht, herausgegeben von der Stiftung Warentest, Herbst 1993

Streitgegenstand	**Streitwert**
Bestehen oder Dauer des Mietverhältnisses oder einzelner Bestandteile des Mietvertrags (z. B. Dachboden)	Streitiger Zeitraum, maximal die Jahresmiete im Umfang des treitigen Anteils (z B. 1/10 oder Miete für Dachboden)
Mieterhöhung	Höchstens der Jahresbetrag des zusätzlich geforderten Mietzinses und nur der streitige Anteil
Duldung einer Modernisierungsmaßnahme	Jahresbetrag der voraussichtlichen Mieterhöhung aufgrund der Modernisierung
Minderung des Mietzinses	Summe der Minderungsbeträge, einige Gerichte nehmen eine Höchstgrenze an (12 facher Monatsbetrag des Minderungsbetrages)
Instandhaltungsansprüche	Wert ensprechend einer möglichen Minderung der Miete pro Jahr
Unterlassung (z.B. Anspruch auf Unterlassung des Klavierspiels oder Tierhaltung)	Freies Ermessen des Gerichts

Auch wer wenig Geld verdient, soll seine Rechte einfordern können. Daher gibt es die **Prozeßkostenhilfe**. Sie als Kläger oder auch Beklagter haben einen Anspruch darauf, wenn Sie folgende Voraussetzungen erfüllen:

- Der Antrag auf Prozeßkostenhilfe muß gestellt werden, bevor das Urteil verkündet wird. Und zwar bei dem Gericht, das den Hauptprozeß verhandelt. In der Regel wird der Antrag bereits vor dem Prozeßbeginn gestellt.
- Ihr Einkommen muß unter einer bestimmten Grenze liegen, die Sie bei den Beratungsstellen, Gerichten und Anwälten erfahren.
- Ihr Prozeß muß Aussicht auf Erfolg haben.

Wenn Sie nun Prozeßkostenhilfe bekommen und den Prozeß verlieren, zahlt die Staatskasse die Gerichtskosten und die Kosten Ihres Anwalts. Die Anwaltskosten Ihres Gegners müssen Sie aber in jedem Fall tragen.

Auch wenn Sie geringfügig über den Einkommensgrenzen liegen, können Sie Prozeßkostenhilfe erhalten: Falls Sie verlieren, müssen Sie allerdings das Geld in monatlichen Raten zahlen, höchstens aber vier Jahre lang. Verschlechtert sich Ihre Einkommenssituation in dieser Zeit, können die Raten auch gemindert oder ganz gestrichen werden.

Wie Sie gerade gelesen haben: **Der Verlierer zahlt** die Kosten des Rechtsstreits. Das ist in § 91 der Zivilprozeßordnung (ZPO) vorgeschrieben. Häufig wirken die Richter auf einen **Vergleich** hin: Dann bekommt zum Beispiel der Kläger zu 25 Prozent recht (und zahlt drei Viertel der Kosten), der Beklagte zu 75 Prozent (und zahlt ein Viertel der Kosten).

Vorteile des Vergleichs: Beide Parteien sparen sich weitere, mitunter jahrelange Gerichtsverhandlungen, Kosten und Ärger. Und oft steht der Aufwand dann in keinem Verhältnis mehr zum Gegenstand des Streits. Sie sollten sich trotzdem nie zu einem Vergleich überreden lassen, der Ihnen nichts bringt. Wenn Sie den kürzeren ziehen und beim Vergleich genauso dastehen wie bei einem Urteil, ziehen Sie unter Umständen besser Ihre Klage zurück oder erkennen die gegnerische Forderung an.

Teil V:

Anhang: Was das Gesetz sagt

(Gesetzestexte)

BGB – Erstes Buch. Allgemeiner Teil

§ 97. [Zubehör] (1) Zubehör sind bewegliche Sachen, die, ohne Bestandteile der Hauptsache zu sein, dem wirtschaftlichen Zweck der Hauptsache zu dienen bestimmt sind und zu ihr in einem dieser Bestimmung entsprechenden räumlichen Verhältnisse stehen. Eine Sache ist nicht Zubehör, wenn sie im Verkehre nicht als Zubehör angesehen wird.

(2) Die vorübergehende Benutzung einer Sache für den wirtschaftlichen Zweck einer anderen begründet nicht die Zuhöreigenschaft. Die vorübergehende Trennung eines Zubehörstücks von der Hauptsache hebt die Zubehöreigenschaft nicht auf.

BGB – Zweites Buch. Recht der Schuldverhältnisse

§ 242. [Leistung nach Treu und Glauben]. Der Schuldner ist verpflichtet, die Leistung so zu bewirken, wie Treu und Glauben mit Rücksicht auf die Verkehrssitte es erfordern.

§ 537. [Mängel der Mietsache]. (1) Ist die vermietete Sache zur Zeit der Überlassung an den Mieter mit einem Fehler behaftet, der ihre Tauglichkeit zu dem vertragsmäßigen Gebrauch aufhebt oder mindert, oder entsteht im Laufe der Miete ein solcher Fehler, so ist der Mieter für die Zeit, während deren die Tauglichkeit aufgehoben ist, von der Entrichtung des Mietzinses befreit, für die Zeit, während deren die Tauglichkeit gemindert ist, nur zur Entrichtung eines nach den §§ 472, 473 zu bemessenden Teiles des Mietzinses verpflichtet. Eine unerhebliche Minderung der Tauglichkeit kommt nicht in Betracht.

(2) Absatz 1 Satz 1 gilt auch, wenn eine zugesicherte Eigenschaft fehlt oder später wegfällt. Bei der Vermietung eines Grundstücks steht die Zusicherung einer bestimmten Größe der Zusicherung einer Eigenschaft gleich.

(3) Bei einem Mietverhältnis über Wohnraum ist eine zum Nachteil des Mieters abweichende Vereinbarung unwirksam.

§ 539. [Kenntnis des Mieters vom Mangel] Kennt der Mieter bei dem Abschlusse des Vertrags den Mangel der gemieteten Sache, so stehen ihm die in den §§ 537, 538 bestimmten Rechte nicht zu. Ist dem Mieter ein Mangel der im § 537 Abs. 1 bezeichneten Art infolge grober Fahrlässigkeit unbekannt geblieben oder nimmt er eine mangelhafte Sache an, obschon er den Mangel kennt, so kann er diese Rechte nur unter den Voraussetzungen geltend machen, unter welchen dem Käufer einer mangelhaften Sache nach den §§ 460, 464 Gewähr zu leisten ist.

§ 545. [Mängelanzeige] Zeigt sich im Laufe der Miete ein Mangel der gemieteten Sache oder wird eine Vorkehrung zum Schutze der Sache gegen eine nicht vorhergesehene Gefahr erforderlich, so hat der Mieter dem Vermieter unverzüglich Anzeige zu machen. Das gleiche gilt, wenn sich ein Dritter ein Recht an der Sache anmaßt.

(2) Unterläßt der Mieter die Anzeige, so ist er zum Ersatze des daraus entstehenden Schadens verpflichtet; er ist, soweit der Vermieter infolge der Unterlassung der Anzeige Abhilfe zu schaffen außerstande war, nicht berechtigt, die im § 537 bestimmten Rechte geltend zu machen oder nach § 542 Abs. 1 Satz 3 ohne Bestimmung einer Frist zu kündigen oder Schadensersatz wegen Nichterfüllung zu verlangen.

§ 548. [Abnutzung durch vertragsgemäßen Gebrauch] Veränderungen oder Verschlechterungen der gemieteten Sache, die durch den vertragsmäßigen Gebrauch herbeigeführt werden, hat der Mieter nicht zu vertreten.

§ 555. *(aufgehoben)*

§ 556.[1] **[Rückgabe der Mietsache]** (1) Der Mieter ist verpflichtet, die gemietete Sache nach der Beendigung des Mietverhältnisses zurückzugeben.

(2) Dem Mieter eines Grundstücks steht wegen seiner Ansprüche gegen den Vermieter ein Zurückbehaltungsrecht nicht zu.

(3) Hat der Mieter den Gebrauch einer Sache einem Dritten überlassen, so kann der Vermieter die Sache nach der Beendigung des Mietverhältnisses auch von dem Dritten zurückfordern.

§ 556 a.[2] **[Widerspruch des Mieters gegen Kündigung]** (1) Der Mieter kann der Kündigung eines Mietverhältnisses über Wohnraum widersprechen und vom Vermieter die Fortsetzung des Mietverhältnisses verlangen, wenn die vertragsmäßige Bindung des Mietverhältnisses für den Mieter oder seine Familie eine Härte bedeuten würde, die auch unter Würdigung der berechtigten Interessen des Vermieters nicht zu rechtfertigen ist. Eine Härte liegt auch vor, wenn angemessener Ersatzwohnraum zu zumutbaren Bedingungen nicht beschafft werden kann. Bei der Würdigung der berechtigten Interessen des Vermieters werden nur die in dem Kündigungsschreiben nach § 564 a Abs. 1 Satz 2 angegebenen Gründe berücksichtigt, soweit nicht die Gründe nachträglich entstanden sind.

(2) Im Falle des Absatzes 1 kann der Mieter verlangen, daß das Mietverhältnis solange fortgesetzt wird, wie dies unter Berücksichtigung aller Umstände angemessen ist. Ist dem Vermieter

1 Beachte auch Art. VI Gesetz zur Änderung des Zweiten Wohnungsbaugesetzes, anderer wohnungsbaurechtlicher Vorschriften und über die Rückerstattung von Baukostenzuschüssen vom 21. 7. 1961 (BGBl. I S. 1041), geändert durch Gesetz vom 14. 7. 1964 (BGBl. I S. 457) und Gesetz vom 24. 8. 1965 (BGBl. I S. 969).

2 Vgl. hierzu auch Gesetz zur Regelung der Miethöhe vom 18. 12. 1974 (BGBl. I S. 3603, 3604 (...).

nicht zuzumuten, das Mietverhältnis nach den bisher geltenden Vertragsbedingungen fortzusetzen, so kann der Mieter nur verlangen, daß es unter einer angemessenen Änderung der Bedingungen fortgesetzt wird.

(3) Kommt keine Einigung zustande, so wird über eine Fortsetzung des Mietverhältnisses und über deren Dauer sowie über die Bedingungen, nach denen es fortgesetzt wird, durch Urteil Bestimmung getroffen. Ist ungewiß, wann voraussichtlich die Umstände wegfallen, auf Grund deren die Beendigung des Mietverhältnisses für den Mieter oder seine Familie eine Härte bedeutet, so kann bestimmt werden, daß das Mietverhältnis auf unbestimmte Zeit fortgesetzt wird.

(4) Der Mieter kann eine Fortsetzung des Mietverhältnisses nicht verlangen,

1. wenn er das Mietverhältnis gekündigt hat;
2. wenn ein Grund vorliegt, aus dem der Vermieter zur Kündigung ohne Einhaltung einer Kündigungsfrist berechtigt ist.

(5) Die Erklärung des Mieters, mit der er der Kündigung widerspricht und die Fortsetzung des Mietverhältnisses verlangt, bedarf der schriftlichen Form. Auf Verlangen des Vermieters soll der Mieter über die Gründe des Widerspruchs unverzüglich Auskunft erteilen.

(6) Der Vermieter kann die Fortsetzung des Mietverhältnisses ablehnen, wenn der Mieter den Widerspruch nicht spätestens zwei Monate vor der Beendigung des Mietverhältnisses dem Vermieter gegenüber erklärt hat. Hat der Vermieter nicht rechtzeitig vor Ablauf der Widerspruchsfrist den in § 564 a Abs. 2 bezeichneten Hinweis erteilt, so kann der Mieter den Widerspruch noch im ersten Termin des Räumungsrechtsstreits erklären.

(7) Eine entgegenstehende Vereinbarung ist unwirksam.

(8) Diese Vorschriften gelten nicht für Wohnraum, der zu nur vorübergehendem Gebrauch vermietet ist, und für Mietverhältnisse der in § 565 Abs. 3 genannten Art.

§ 556 b. [Fortsetzung befristeter Mietverhältnisse] (1) Ist ein Mietverhältnis über Wohnraum auf bestimmte Zeit eingegangen, so kann der Mieter die Fortsetzung des Mietverhältnisses verlangen, wenn sie auf Grund des § 556 a im Falle einer Kündigung verlangt werden könnte. Im übrigen gilt § 556 a sinngemäß.

(2) Hat der Mieter die Umstände, welche das Interesse des Vermieters an der fristgemäßen Rückgabe des Wohnraums begründen, bei Abschluß des Mietvertrages gekannt, so sind zugunsten des Mieters nur Umstände zu berücksichtigen, die nachträglich eingetreten sind.

§ 556 c. [Weitere Fortsetzung des Mietverhältnisses] (1) Ist auf Grund der §§ 556 a, 556 b durch Einigung oder Urteil bestimmt worden, daß das Mietverhältnis auf bestimmte Zeit fortgesetzt wird, so kann der Mieter dessen weitere Fortsetzung nach diesen Vorschriften nur verlangen, wenn dies durch eine wesentliche Änderung der Umstände gerechtfertigt ist oder wenn Umstände nicht eingetreten sind, deren vorgesehener Eintritt für die Zeitdauer der Fortsetzung bestimmend gewesen war.

(2) Kündigt der Vermieter ein Mietverhältnis, dessen Fortsetzung auf unbestimmte Zeit durch Urteil bestimmt worden ist, so kann der Mieter der Kündigung widersprechen und vom Vermieter verlangen, das Mietverhältnis auf unbestimmte Zeit fortzusetzen. Haben sich Umstände, die für die Fortsetzung bestimmend gewesen waren, verändert, so kann der Mieter eine Fortsetzung des Mietverhältnisses nur nach § 556 a verlangen; unerhebliche Veränderungen bleiben außer Betracht.

§ 605. [Kündigungsrecht] Der Verleiher kann die Leihe kündigen:

1. wenn er infolge eines nicht vorgesehenen Umstandes der verliehenen Sache bedarf;

2. wenn der Entleiher einen vertragswidrigen Gebrauch von der Sache macht, insbesondere unbefugt den Gebrauch einem Dritten überläßt, oder die Sache durch Vernachlässigung der ihm obliegenden Sorgfalt erheblich gefährdet;
3. wenn der Entleiher stirbt.

§ 807. [Inhaberkarten und -marken] Werden Karten, Marken oder ähnliche Urkunden, in denen ein Gläubiger nicht bezeichnet ist, von dem Aussteller unter Umständen ausgegeben, aus welchen sich ergibt, daß er dem Inhaber zu einer Leistung verpflichtet sein will, so finden die Vorschriften des § 793 Abs. 1 und der §§ 794, 796, 797 entsprechende Anwendung.

§ 823. [Schadensersatzpflicht] Wer vorsätzlich oder fahrlässig das Leben, den Körper, die Gesundheit, die Freiheit, das Eigentum oder ein sonstiges Recht eines anderen widerrechtlich verletzt, ist dem anderen zum Ersatze des daraus entstehenden Schadens verpflichtet.

(2) Die gleiche Verpflichtung trifft denjenigen, welcher gegen ein den Schutz eines anderen bezweckendes Gesetz verstößt. Ist nach dem Inhalte des Gesetzes ein Verstoß gegen dieses auch ohne Verschulden möglich, so tritt die Ersatzpflicht nur im Falle des Verschuldens ein.

§ 833. [Haftung des Tierhalters] Wird durch ein Tier ein Mensch getötet oder der Körper oder die Gesundheit des Menschen verletzt oder eine Sache beschädigt, so ist derjenige, welcher das Tier hält, verpflichtet, dem Verletzten den daraus entstehenden Schaden zu ersetzen. Die Ersatzpflicht tritt nicht ein, wenn der Schaden durch ein Haustier verursacht wird, das dem Berufe, der Erwerbstätigkeit oder dem Unterhalte des Tierhalters zu dienen bestimmt ist, und entweder der Tierhalter bei der Beaufsichtigung des Tieres die im Verkehr erforderliche Sorgfalt beobachtet oder

der Schaden auch bei Anwendung dieser Sorgfalt entstanden sein würde.

BGB – Drittes Buch. Sachenrecht

§ 867. [Verfolgungsrecht des Besitzers] Ist eine Sache aus der Gewalt des Besitzers auf ein im Besitz eines anderen befindliches Grundstück gelangt, so hat ihm der Besitzer des Grundstücks die Aufsuchung und die Wegschaffung zu gestatten, sofern nicht die Sache inzwischen in Besitz genommen worden ist. Der Besitzer des Grundstücks kann Ersatz des durch die Aufsuchung und die Wegschaffung entstehenden Schadens verlangen. Er kann, wenn die Entstehung eines Schadens zu besorgen ist, die Gestattung verweigern, bis ihm Sicherheit geleistet wird; die Verweigerung ist unzulässig, wenn mit dem Aufschube Gefahr verbunden ist.

§ 906. [Zuführung unwägbarer Stoffe] (1) Der Eigentümer eines Grundstücks kann die Zuführung von Gasen, Dämpfen, Gerüchen, Rauch, Ruß, Wärme, Geräusch, Erschütterungen und ähnliche von einem anderen Grundstück ausgehenden Einwirkungen insoweit nicht verbieten, als die Einwirkung die Benutzung seines Grundstücks nicht oder nur unwesentlich beeinträchtigt.

(2) Das gleiche gilt insoweit, als eine wesentliche Beeinträchtigung durch eine ortsübliche Benutzung des anderen Grundstücks herbeigeführt wird und nicht durch Maßnahmen verhindert werden kann, die Benutzern dieser Art wirtschaftlich zumutbar sind. Hat der Eigentümer hiernach eine Einwirkung zu dulden, so kann er von dem Benutzer des anderen Grundstücks einen angemessenen Ausgleich in Geld verlangen, wenn die Einwirkung eine ortsübliche Benutzung seines Grundstücks oder dessen Ertrag über das zumutbare Maß hinaus beeinträchtigt.

(3) Die Zuführung durch eine besondere Leitung ist unzulässig.

§ 907. [Gefahrdrohende Anlagen] (1) Der Eigentümer eines Grundstücks kann verlangen, daß auf den Nachbargrundstücken nicht Anlagen hergestellt oder gehalten werden, von denen mit Sicherheit vorauszusehen ist, daß ihr Bestand oder ihre Benutzung eine unzulässige Einwirkung auf sein Grundstück zur Folge hat. Genügt eine Anlage den landesgesetzlichen Vorschriften, die einen bestimmten Abstand von der Grenze oder sonstige Schutzmaßregeln vorschreiben, so kann die Beseitigung der Anlage erst verlangt werden, wenn die unzulässige Einwirkung tatsächlich hervortritt.

(2) Bäume und Sträucher gehören nicht zu den Anlagen im Sinne dieser Vorschriften.

§ 908. [Drohender Gebäudeeinsturz] Droht einem Grundstücke die Gefahr, daß es durch den Einsturz eines Gebäudes oder eines anderen Werkes, das mit einem Nachbargrundstücke verbunden ist, oder durch die Ablösung von Teilen des Gebäudes oder des Werkes beschädigt wird, so kann der Eigentümer von demjenigen, welcher nach dem § 836 Abs. 1 oder den §§ 837, 838 für den eintretenden Schaden verantwortlich sein würde, verlangen, daß er die zur Abwendung der Gefahr erforderliche Vorkehrung trifft.

§ 909. [Vertiefung] Ein Grundstück darf nicht in der Weise vertieft werden, daß der Boden des Nachbargrundstücks die erforderliche Stütze verliert, es sei denn, daß für eine genügende anderweitige Befestigung gesorgt ist.

§ 910. [Überhang] (1) Der Eigentümer eines Grundstücks kann Wurzeln eines Baumes oder eines Strauches, die von einem

Nachbargrundstück eingedrungen sind, abschneiden und behalten. Das gleiche gilt von herüberragenden Zweigen, wenn der Eigentümer dem Besitzer des Nachbargrundstücks eine angemessene Frist zur Beseitigung bestimmt hat und die Beseitigung nicht innerhalb der Frist erfolgt.

(2) Dem Eigentümer steht dieses Recht nicht zu, wenn die Wurzeln oder die Zweige die Benutzung des Grundstücks nicht beeinträchtigen.

§ 911. [Hinüberfall] Früchte, die von einem Baume oder einem Strauche auf ein Nachbargrundstück hinüberfallen, gelten als Früchte dieses Grundstücks. Diese Vorschrift findet keine Anwendung, wenn das Nachbargrundstück dem öffentlichen Gebrauche dient.

§ 912. [Überbau; Duldungspflicht] (1) Hat der Eigentümer eines Grundstücks bei der Errichtung eines Gebäudes über die Grenze gebaut, ohne daß ihm Vorsatz oder grobe Fahrlässigkeit zur Last fällt, so hat der Nachbar den Überbau zu dulden, es sei denn, daß er vor oder sofort nach der Grenzüberschreitung Widerspruch erhoben hat.

(2) Der Nachbar ist durch eine Geldrente zu entschädigen. Für die Höhe der Rente ist die Zeit der Grenzüberschreitung maßgebend.

§ 913. [Zahlung der Überbaurente] (1) Die Rente für den Überbau ist dem jeweiligen Eigentümer des Nachbargrundstücks von dem jeweiligen Eigentümer des anderen Grundstücks zu entrichten.

(2) Die Rente ist jährlich im voraus zu entrichten.

§ 914. [Rang, Eintragung und Erlöschen der Rente] (1) Das Recht auf die Rente geht allen Rechten an dem belasteten Grundstück, auch den älteren, vor. Es erlischt mit der Beseitigung des Überbaues.

(2) Das Recht wird nicht in das Grundbuch eingetragen. Zum Verzicht auf das Recht sowie zur Feststellung der Höhe der Rente durch Vertrag ist die Eintragung erforderlich.

(3) Im übrigen finden die Vorschriften Anwendung, die für eine zugunsten des jeweiligen Eigentümers eines Grundstücks bestehende Reallast gelten.

§ 915. [Abkauf] (1) Der Rentenberechtigte kann jederzeit verlangen, daß der Rentenpflichtige ihm gegen Übertragung des Eigentums an dem überbauten Teil des Grundstücks den Wert ersetzt, den dieser Teil zur Zeit der Grenzüberschreitung gehabt hat. Macht er von dieser Befugnis Gebrauch, so bestimmen sich die Rechte und Verpflichtungen beider Teile nach den Vorschriften über den Kauf.

(2) Für die Zeit bis zur Übertragung des Eigentums ist die Rente fortzuentrichten.

§ 916. [Beeinträchtigung von Erbbaurecht oder Dienstbarkeit] Wird durch den Überbau ein Erbbaurecht oder eine Dienstbarkeit an dem Nachbargrundstücke beeinträchtigt, so finden zugunsten des Berechtigten die Vorschriften der §§ 912 bis 914 entsprechende Anwendung.

§ 917. [Notweg] (1) Fehlt einem Grundstücke die zur ordnungsmäßigen Benutzung notwendige Verbindung mit einem öffentlichen Wege, so kann der Eigentümer von den Nachbarn verlangen, daß sie bis zur Hebung des Mangels die Benutzung ihrer Grundstücke zur Herstellung der erforderlichen Verbindung dulden. Die Richtung des Notwegs und der Umfang des Benutzungsrechts werden erforderlichen Falles durch Urteil bestimmt.

(2) Die Nachbarn, über deren Grundstücke der Notweg führt,

sind durch eine Geldrente zu entschädigen. Die Vorschriften des § 912 Abs. 2 Satz 2 und der §§ 913, 914, 916 finden entsprechende Anwendung.

§ 918. [Ausschluß des Notwegrechts] (1) Die Verpflichtung zur Duldung des Notwegs tritt nicht ein, wenn die bisherige Verbindung des Grundstücks mit dem öffentlichen Wege durch eine willkürliche Handlung des Eigentümers aufgehoben wird.

(2) Wird infolge der Veräußerung eines Teiles des Grundstücks der veräußerte oder der zurückbehaltene Teil von der Verbindung mit dem öffentlichen Wege abgeschnitten, so hat der Eigentümer desjenigen Teiles, über welchen die Verbindung bisher stattgefunden hat, den Notweg zu dulden. Der Veräußerung eines Teiles steht die Veräußerung eines von mehreren demselben Eigentümer gehörenden Grundstücken gleich.

§ 919. [Grenzabmarkung] (1) Der Eigentümer eines Grundstücks kann von dem Eigentümer eines Nachbargrundstücks verlangen, daß dieser zur Errichtung fester Grenzzeichen und, wenn ein Grenzzeichen verrückt oder unkenntlich geworden ist, zur Wiederherstellung mitwirkt.

(2) Die Art der Abmarkung und das Verfahren bestimmen sich nach den Landesgesetzen; enthalten diese keine Vorschriften, so entscheidet die Ortsüblichkeit.

(3) Die Kosten der Abmarkung sind von den Beteiligten zu gleichen Teilen zu tragen, sofern nicht aus einem zwischen ihnen bestehenden Rechtsverhältnisse sich ein anderes ergibt.

§ 920. [Grenzverwirrung] (1) Läßt sich im Fall einer Grenzverwirrung die richtige Grenze nicht ermitteln, so ist für die Abgrenzung der Besitzstand maßgebend. Kann der Besitzstand nicht festgestellt werden, so ist jedem der Grundstücke ein gleich großes Stück der streitigen Fläche zuzuteilen.

(2) Soweit eine diesen Vorschriften entsprechende Bestimmung der Grenze zu einem Ergebnisse führt, das mit den ermittelten Umständen, insbesondere mit der feststehenden Größe der Grundstücke, nicht übereinstimmt, ist die Grenze so zu ziehen, wie es unter Berücksichtigung dieser Umstände der Billigkeit entspricht.

§ 921. [Gemeinschaftliche Benutzung von Grenzanlagen] Werden zwei Grundstücke durch einen Zwischenraum, Rain, Winkel, einen Graben, eine Mauer, Hecke, Planke oder eine andere Einrichtung, die zum Vorteile beider Grundstücke dient, voneinander geschieden, so wird vermutet, daß die Eigentümer der Grundstücke zur Benutzung der Einrichtung gemeinschaftlich berechtigt seien, sofern nicht äußere Merkmale darauf hinweisen, daß die Einrichtung einem der Nachbarn allein gehört.

§ 922. [Art der Benutzung und Unterhaltung] Sind die Nachbarn zur Benutzung einer der im § 921 bezeichneten Einrichtungen gemeinschaftlich berechtigt, so kann jeder sie zu dem Zwecke, der sich aus ihrer Beschaffenheit ergibt, insoweit benutzen, als nicht die Mitbenutzung des anderen beeinträchtigt wird. Die Unterhaltungskosten sind von den Nachbarn zu gleichen Teilen zu tragen. Solange einer der Nachbarn an dem Fortbestande der Einrichtung ein Interesse hat, darf sie nicht ohne seine Zustimmung beseitigt oder geändert werden. Im übrigen bestimmt sich das Rechtsverhältnis zwischen den Nachbarn nach den Vorschriften über die Gemeinschaft.

§ 923. [Grenzbaum] (1) Steht auf der Grenze ein Baum, so gebühren die Früchte und, wenn der Baum gefällt wird, auch der Baum den Nachbarn zu gleichen Teilen.

(2) Jeder der Nachbarn kann die Beseitigung des Baumes verlangen. Die Kosten der Beseitigung fallen den Nachbarn zu gleichen Teilen zur Last. Der Nachbar, der die Beseitigung verlangt,

hat jedoch die Kosten allein zu tragen, wenn der andere auf sein Recht an dem Baume verzichtet; er erwirbt in diesem Falle mit der Trennung das Alleineigentum. Der Anspruch auf die Beseitigung ist ausgeschlossen, wenn der Baum als Grenzzeichen dient und den Umständen nach nicht durch ein anderes zweckmäßiges Grenzzeichen ersetzt werden kann.

(3) Diese Vorschriften gelten auch für einen auf der Grenze stehenden Strauch.

§ 1004. [Beseitigungs- und Unterlassungsanspruch] (1) Wird das Eigentum in anderer Weise als durch Entziehung oder Vorenthaltung des Besitzes beeinträchtigt, so kann der Eigentümer von dem Störer die Beseitigung der Beeinträchtigungen verlangen. Sind weitere Beeinträchtigungen zu besorgen, so kann der Eigentümer auf Unterlassung klagen.

(2) Der Anspruch ist ausgeschlossen, wenn der Eigentümer zur Duldung verpflichtet ist.

§ 1005. [Verfolgungsrecht] Befindet sich eine Sache auf einem Grundstück, das ein anderer als der Eigentümer der Sache besitzt, so steht diesem gegen den Besitzer des Grundstücks der im § 867 bestimmte Anspruch zu.

Fünfter Abschnitt. Dienstbarkeiten

§ 1018. [Begriff] Ein Grundstück kann zugunsten des jeweiligen Eigentümers eines anderen Grundstücks in der Weise belastet werden, daß dieser das Grundstück in einzelnen Beziehungen benutzen darf oder daß auf dem Grundstücke gewisse Handlungen nicht vorgenommen werden dürfen oder daß die Ausübung eines Rechtes ausgeschlossen ist, das sich aus dem Eigentum an dem belasteten Grundstücke dem anderen Grundstücke gegenüber ergibt (Grunddienstbarkeit).

§ 1019. [Vorteil für herrschendes Grundstück] Eine Grunddienstbarkeit kann nur in einer Belastung bestehen, die für die Benutzung des Grundstücks des Berechtigten Vorteil bietet. Über das sich hieraus ergebende Maß hinaus kann der Inhalt der Dienstbarkeit nicht erstreckt werden.

§ 1020. [Schonende Ausübung] Bei der Ausübung einer Grunddienstbarkeit hat der Berechtigte das Interesse des Eigentümers des belasteten Grundstücks tunlichst zu schonen. Hält er zur Ausübung der Dienstbarkeit auf dem belasteten Grundstück eine Anlage, so hat er sie in ordnungsmäßigem Zustande zu erhalten, soweit das Interesse des Eigentümers es erfordert.

§ 1021. [Vereinbarte Unterhaltungspflicht] (1) Gehört zur Ausübung einer Grunddienstbarkeit eine Anlage auf dem belasteten Grundstücke, so kann bestimmt werden, daß der Eigentümer dieses Grundstücks die Anlage zu unterhalten hat, soweit das Interesse des Berechtigten es erfordert. Steht dem Eigentümer das Recht zur Mitbenutzung der Anlage zu, so kann bestimmt werden, daß der Berechtigte die Anlage zu unterhalten hat, soweit es für das Benutzungsrecht des Eigentümers erforderlich ist.

(2) Auf eine solche Unterhaltungspflicht finden die Vorschriften über die Reallasten entsprechende Anwendung.

§ 1022. [Anlagen auf baulichen Anlagen] Besteht die Grunddienstbarkeit in dem Rechte, auf einer baulichen Anlage des belasteten Grundstücks eine bauliche Anlage zu halten, so hat, wenn nicht ein anderes bestimmt ist, der Eigentümer des belasteten Grundstücks seine Anlage zu unterhalten, soweit das Interesse des Berechtigten es erfordert. Die Vorschrift des § 1021 Abs. 2 gilt auch für diese Unterhaltungspflicht.

§ 1023. [Verlegung der Ausübung] (1) Beschränkt sich die jeweilige Ausübung einer Grunddienstbarkeit auf einen Teil des belasteten Grundstücks, so kann der Eigentümer die Verlegung der Ausübung auf eine andere, für den Berechtigten ebenso geeignete Stelle verlangen, wenn die Ausübung an der bisherigen Stelle für ihn besonders beschwerlich ist; die Kosten der Verlegung hat er zu tragen und vorzuschießen. Dies gilt auch dann, wenn der Teil des Grundstücks, auf den sich die Ausübung beschränkt, durch Rechtsgeschäft bestimmt ist.

(2) Das Recht auf die Verlegung kann nicht durch Rechtsgeschäft ausgeschlossen oder beschränkt werden.

§ 1024. [Zusammentreffen mehrerer Nutzungsrechte] Trifft eine Grunddienstbarkeit mit einer anderen Grunddienstbarkeit oder einem sonstigen Nutzungsrecht an dem Grundstücke dergestalt zusammen, daß die Rechte nebeneinander nicht oder nicht vollständig ausgeübt werden können, und haben die Rechte gleichen Rang, so kann jeder Berechtigte eine den Interessen aller Berechtigten nach billigem Ermessen entsprechende Regelung der Ausübung verlangen.

§ 1025. [Teilung des herrschenden Grundstücks] Wird das Grundstück des Berechtigten geteilt, so besteht die Grunddienstbarkeit für die einzelnen Teile fort; die Ausübung ist jedoch im Zweifel nur in der Weise zulässig, daß sie für den Eigentümer des belasteten Grundstücks nicht beschwerlicher wird. Gereicht die Dienstbarkeit nur einem der Teile zum Vorteile, so erlischt sie für die übrigen Teile.

§ 1026. [Teilung des dienenden Grundstücks] Wird das belastete Grundstück geteilt, so werden, wenn die Ausübung der Grunddienstbarkeit auf einen bestimmten Teil des belasteten Grundstücks beschränkt ist, die Teile, welche außerhalb des Bereichs der Ausübung liegen, von der Dienstbarkeit frei.

§ 1027. [Beeinträchtigung der Grunddienstbarkeit] Wird eine Grunddienstbarkeit beeinträchtigt, so stehen dem Berechtigten die im § 1004 bestimmten Rechte zu.

§ 1028. [Verjährung] (1) Ist auf dem belasteten Grundstück eine Anlage, durch welche die Grunddienstbarkeit beeinträchtigt wird, errichtet worden, so unterliegt der Anspruch des Berechtigten auf Beseitigung der Beeinträchtigung der Verjährung, auch wenn die Dienstbarkeit im Grundbuch eingetragen ist. Mit der Verjährung des Anspruchs erlischt die Dienstbarkeit, soweit der Bestand der Anlage mit ihr in Widerspruch steht.

(2) Die Vorschriften des § 892 finden keine Anwendung.

§ 1029. [Besitzschutz des Rechtsbesitzers] Wird der Besitzer eines Grundstücks in der Ausübung einer für den Eigentümer im Grundbuch eingetragenen Grunddienstbarkeit gestört, so finden die für den Besitzschutz geltenden Vorschriften entsprechende Anwendung, soweit die Dienstbarkeit innerhalb eines Jahres vor der Störung, sei es auch nur einmal, ausgeübt worden ist.

Tierlärmgesetze

Das Problem des Tierlärms ist nicht bundeseinheitlich geregelt. Das Bundesimmissionsschutzgesetz enthält keine Regelung des Tierlärms, der von privaten Haushalten ausgeht. Der bundesgesetzlichen Regelung unterfallen nur Betriebe zur Zucht von Tieren ab einer bestimmten Größe. In den meisten Bundesländern gibt es jedoch Spezialvorschriften in Form von Landesimmissionsschutzgesetzen und Lärmschutzverordnungen. Im übrigen ist § 117 des Ordnungswidrigkeitengesetzes (OWIG v. 24. 5. 1968, BGBl. S. 481) einschlägig. Bisweilen ist Tierlärm auch Gegenstand gemeindlicher Satzungen. Im folgenden soll daher nach Ländern geordnet ein Überblick gegeben werden.

Bayern

Das Bayerische Immissionsschutzgesetz (BayImSchG v. 8. 10. 1974, GVBl. S. 299) enthält keine unmittelbare Regelung des Tierlärms. In Art. 14 BayImSchG werden die Gemeinden jedoch ermächtigt, zum Schutz vor unnötigen Störungen Verordnungen über das Halten von Haustieren zu erlassen. Die ortspolizeilichen Regelungen könnten auch Bußgelder vorsehen.

Berlin

Bislang galt in Berlin die Verordnung zur Bekämpfung des Tierlärms (LärmVO v. 2. 7. 1974, GVBl. 153). § 5 der Verordnung gebot es, Tiere so zu halten, daß Dritte nicht unzumutbar beeinträchtigt werden können. Die Verordnung ist jedoch am 31. 7. 1984 wieder außer Kraft getreten. So muß für Berlin auf die polizeiliche Generalklausel zurückgegriffen werden, nach der sich jeder so zu verhalten hat, daß andere nicht mehr als nach den Umständen unvermeidbar gesundheitlich gefährdet werden.

Bremen

Die Straßenordnung für die Stadt Bremen (StraßenO i. d. F. v. 30. 6. 1982, GBl. S. 51) untersagt es mit der generellen Regelung des § 14 Abs. 1 StraßenO, andere mehr als nach den Umständen unvermeidbar durch Geräusche zu beeinträchtigen.

Nordrhein-Westfalen

In Nordrhein-Westfalen ist der Tierlärm durch das Landes-Immissionsschutzgesetz (LImSchG v. 18. 3. 1975, GVBl., S. 232) geregelt. Nach § 12 des LImSchG sind Tiere so zu halten, »daß niemand durch den von Tieren erzeugten Lärm mehr als nur geringfügig gestört wird«. Nach Maßgabe des § 17 Abs. 2, 3 des LImSchG können vorsätzliche oder fahrlässige Verstöße gegen § 12 LImSchG mit einer Geldbuße von bis zu zweitausend Deutsche Mark geahndet werden.

Hamburg

In Hamburg regelt § 4 Abs. 1 der Verordnung zur Bekämpfung gesundheitsgefährdenden Lärms (LärmVO v. 6. 1. 1981, GVBl. S. 3), daß Tiere so zu halten sind, daß durch den von ihnen erzeugten Lärm niemand mehr als zumutbar oder nach den Umständen unvermeidbar gestört wird.

Hessen

In Hessen verbietet § 10 der Polizeiverordnung über die Bekämpfung des Lärms (VO v. 23. 4. 1959, GVBl. S. 9) eine Tierhaltung, durch deren Geräusche andere mehr als nach den Umständen unvermeidbar gesundheitlich gefährdet werden können.

Niedersachsen

Das Land Niedersachsen hat keine Spezialregelung für den Tierlärm erlassen. Hier kommt die polizeiliche Generalklausel des § 1 SOG zur Anwendung. Danach hat sich jeder so zu verhalten, daß andere nicht mehr als nach den Umständen unvermeidbar gesundheitlich gefährdet werden.

Rheinland-Pfalz

Nach § 9 der rheinland-pfälzischen Landesverordnung zur Bekämpfung des Lärms (LärmschutzVO v. 25. 10. 1973, GVBl. S. 312) sind Tiere so zu halten, daß niemand durch den von ihnen erzeugten Lärm derart gestört wird, daß eine Gefährdung der Gesundheit zu befürchten ist.

Landesrechtliche Vorschriften zum Grenzabstand

Vorbemerkung:

Nachfolgend werden die Auszüge aus den landesrechtlichen Nachbargesetzen wiedergegeben, die sich mit dem notwendigen Grenzabstand von Bäumen und Sträuchern befassen. Für die

Bundesländer Bremen und Hamburg existieren keine gesetzlichen Vorschriften zum Grenzabstand.

Durch die Gesetzestexte bekommen Sie einen guten Überblick darüber, wie nahe Sie bzw. Ihr Nachbar Bäume und Sträucher an die Grenze pflanzen dürfen. Allerdings werden auch einige Frage offen bleiben. So mag es im Einzelfall schwierig sein, eine bestimmte Pflanze als Baum oder Strauch einzuordnen. Desweiteren arbeiten manche Gesetzestexte mit Begriffen (Wuchskategorie) wie »großwüchsig«, »stark wachsend«, »sehr stark wachsend«, »mittelgroß und schmal«. Hier wird sich auch für den Garten- und Naturexperten die Frage stellen, welcher Wuchskategorie welche Pflanzen zuzurechnen ist. Für alle, die es ganz genau wissen wollen, empfiehlt sich die Anschaffung einer kleinen Broschüre, die vom Sachverständigen-Kuratorium für Landwirtschaft, Forstwirtschaft, Gartenbau, Landespflege, Weinbau und Binnenfischerei herausgegeben wurde. Dort finden sich alle Bäume und Sträucher in einer entsprechenden Übersicht.

Brelves, Baum und Strauch im Nachbarrecht,
Baum-Reihe Heft 3, 33 S., DM 10,–,
SVK Verlag GmbH,
Eiserfelder Straße 39, 57234 Wilnsdorf, Tel. (0 27 39) 32 40.

Baden-Württemberg

Gesetz über das Nachbarrecht

vom 14. Dezember 1959 (Gbl. S. 171); geändert durch § 144 LBO vom 6. April 1964 (Gbl. S. 151)

§ 13 Hecken

(1) Mit Hecken bis zu 1,50 m Höhe ist ein Abstand von 0,50 m, mit höheren Hecken ein um das Maß der Mehrhöhe größerer Abstand einzuhalten.

(2) Die Hecke ist bis zur Hälfte des nach Abs. 1 vorgeschriebe-

nen Abstands zurückzuschneiden. Das gilt nicht für Hecken bis zu 1,50 m Höhe innerhalb des geschlossenen Wohnbezirks.

(3) Der Besitzer der Hecke ist zur Verkürzung der Hecke und zum Zurückschneiden der Zweige nach Abs. 2 nur in der Zeit vom 1. Oktober bis 15. März verpflichtet.

§ 14 Rebstöcke in Weinbergen

Mit Rebstöcken in Weinbergen ist ein Abstand von 9,75 m von der Grenze einzuhalten. Bei Weitraumanlagen gilt als Grenzabstand die Hälfte des Reihenabstandes, jedoch nicht weniger als 1,40 m.

§ 15 Waldungen

(1) Mit Waldungen ist ein Abstand von 8 m von der Grenze einzuhalten. Bei Verjüngung von Waldungen, die bei Inkrafttreten dieses Gesetzes bereits bestehen sowie in erklärten Waldlagen (§ 28 Abs. 1) ermäßigt sich der Abstand nach Satz 1 auf die Hälfte.

(2) Durch Gemeindesatzungen können die Abstände nach Abs. 1 Satz 1 gegenüber bestimmten Gebieten innerhalb des geschlossenen Wohnbezirks oder innerhalb des Bereichs des Bebauungsplans bis auf 12 m erhöht werden, soweit der Wald auf der südlichen, östlichen oder westlichen Seite dieser Gebiete liegt.

(3) Der vom Baumwuchs freizuhaltende Streifen kann bis auf 2 m Abstand von der Grenze mit Gehölzen bis zu 4 m Höhe und bis auf 1 m Abstand von der Grenze mit Gehölzen bis zu 2 m Höhe bepflanzt werden.

§ 16 Sonstige Gehölze

(1) Bei der Anpflanzung von Bäumen, Sträuchern und anderen Gehölzen sind unbeschadet der §§ 13 bis 15 folgende Abstände von der Grenze einzuhalten:

1. mit Baumschulbeständen von Beerenobststräuchern und Zier-

sträuchern, Rosen, Heckenpflanzen und sonstigen Gehölzjungpflanzen ähnlicher Ausdehnung sowie mit Kleingehölzen artgemäß ähnlicher Ausdehnung: 1 m

2. mit Beerenobststräuchern und -stämmen, Rebstöcken außerhalb eines Weinbergs, Rosen und anderen artgemäß kleinen Gehölzen, mit Weihnachtsbäumen und Baumschulbeständen, soweit nicht in Nr. 1 aufgeführt, sowie mit niedrigen Weidepflanzungen, die jährlich genutzt werden: 1 m
   Die Gehölze dürfen die Höhe von 2 m nicht überschreiten, es sei denn, daß der Abstand nach Nr. 3 eingehalten wird;
3. mit Kernobstbäumen auf schwach- und mittelstarkwachsenden Unterlagen einschließlich Quittenbäumen, mit Pfirsich-, Aprikosen- und Sauerkirschbäumen, mit anderen Gehölzen artgemäß ähnlicher Ausdehnung, mit Forstsamenplantagen sowie mit niedrigen Weidenpflanzungen, die nicht jährlich genutzt werden: 2 m
   Die Gehölze dürfen die Höhe von 4 m nicht überschreiten, es sei denn, daß der Abstand nach Nr. 4 eingehalten wird;
4. mit Kernobstbäumen und Süßkirschbäumen, soweit nicht in Nr. 3 oder 5 aufgeführt, mit Zwetschgen-, Pflaumen-, Reineclauden- und Mirabellenbäumen: 3 m
5. mit Kernobstbäumen stark wachsender Sorten auf Sämlingsunterlagen oder auf anderen ähnlich stark wachsenden Unterlagen, mit Süßkirschbäumen auf derartigen Unterlagen, mit Walnußbäumen, ausgenommen unveredelte Walnuß-Sämlingsbäume, mit artgemäß mittelgroßen und schmalen Bäumen, wie Vogelbeeren, Birken, Weißdornen und deren Veredelungen, Weißbuchen, Erlen, Salweiden, Zierkirschen, Zieräpfel, Zierpflaumen, Blaufichten, Serbische Fichten und Thujen sowie mit anderen Gehölzen artgemäß ähnlicher Ausdehnung: 4 m
6. mit großwüchsigen Nadelbäumen, unveredelten Walnuß-Sämlingsbäumen, großwüchsigen Arten von Echten und Roßkastanien, Pappeln, Linden, Ahornen, Ulmen, Platanen, Eichen, Bu-

chen, Eschen, Robinien (»Akazien«) und Baumweiden sowie mit anderen Bäumen artgemäß ähnlicher Ausdehnung: 8 m.

(2) Die Abstände nach Abs. 1 Nr. 3 bis 5 ermäßigen sich innerhalb des geschlossenen Wohnbezirks auf die Hälfte. Dies gilt nicht für Obstgehölze, Weihnachtsbäume, Baumschulbestände, Forstsamenplantagen und Weidenpflanzungen sowie für geschlossene Bestände mit mehr als drei der in Abs. 1 Nr. 5 angeführten Gehölze.

(3) Der Besitzer eines Gehölzes, das die nach Abs. 1 Nr. 1 bis 3 zulässigen Höhe überschritten hat, ist zur Verkürzung des Gehölzes nur in der Zeit vom 1. Oktober bis 15. März verpflichtet.

§ 17 Hopfenpflanzungen

Mit Hopfenpflanzungen ist ein Abstand von 1,50 m von der Grenze einzuhalten. Ist das Nachbargrundstück gleichfalls mit Hopfen bepflanzt, so ermäßigt sich der Abstand auf die Hälfte.

§ 18 Begünstigung von Weinbergen und Erwerbsgartenbaugrundstücken

Gegenüber Weinbergen in erklärter Reblage (§ 28 Abs. 2) sowie gegenüber erwerbsgartenbaulich genutzten Grundstücken in erklärten Gartenbaulage (§ 28 Abs. 3) sind die Abstände nach § 11 Abs. 1 Satz 2 und Abs. 2, § 12, § 13 Abs. 1, § 15, § 16 Abs. 1 Nr. 3 bis 6 und Abs. 2 sowie § 17 Satz 1 zu verdoppeln, soweit sich die Einfriedung, Spaliervorrichtung oder Pflanzung an deren südlicher, östlicher oder westlicher Seite befindet. Das gilt nicht für Obstgehölze und Baumschulbestände innerhalb des geschlossenen Wohnbezirks.

§ 19 Verhältnis zu landwirtschaftlich nicht genutzten Grundstücken

(1) Die Vorschriften der §§ 11 bis 17 gelten nicht gegenüber Grundstücken außerhalb des geschlossenen Wohnbezirks, die

Wald, Hutung, Heide oder Ödung sind oder die landwirtschaftlich oder gartenbaulich sonst nicht genutzt werden und nicht bebaut sind und auch nicht als Hofraum dienen. Mit Wald gegenüber Wald ist aber ein Abstand von 1 m einzuhalten.

(2) Die in den §§ 11 bis 18 vorgeschriebenen Abstände vermindern sich gegenüber Grundstücken außerhalb des geschlossenen Wohnbezirks um diejenige Entfernung, auf die diese Grundstücke von der Grenze an gerechnet landwirtschaftlich oder gartenbaulich nicht genutzt, nicht bebaut sind und auch nicht als Hofraum dienen.

§ 20 Pflanzungen hinter geschlossenen Einfriedungen

Die §§ 12 bis 18 gelten nicht, wenn sich die Spaliervorrichtung oder die Pflanzung hinter einer geschlossenen Einfriedung befindet, ohne diese zu überragen. Als geschlossen gelten auch Einfriedungen, bei denen die Zaunteile breiter sind als die Zwischenräume.

§ 21 Verhältnis zu Wegen, Gewässern und Eisenbahnen; Ufer- und Böschungsschutz

(1) Die Bestimmungen der §§ 11 bis 18 gelten nicht für das nachbarliche Verhältnis der öffentlichen Wege und der Gewässer einerseits und der an sie grenzenden Grundstücke andererseits.

(2) Mit Bäumen, die nach polizeirechtlicher Vorschrift in regelmäßiger Anordnung längs der Straßen auf den angrenzenden Grundstücken gepflanzt werden, braucht ein Abstand gegenüber den Nachbargrundstücken nicht eingehalten zu werden. Das gilt nicht für Bäume der in § 16 Abs. 1 Nr. 6 aufgezählten Arten und Sorten.

(3) Die Bestimmungen der §§ 11, 13 und 18 über tote Einfriedungen und Hecken gelten nicht für das nachbarliche Verhältnis zwischen Grundstücken, die unmittelbar an den Schienenweg ei-

ner Eisenbahn grenzen einerseits und dem Schienenweg andererseits.

(4) Auf Einfriedungen und Pflanzungen, die zum Uferschutz dienen oder die zum Schutze von Böschungen oder steilen Abhängen erforderlich sind, sind die §§ 11, 13, und 18 nicht anzuwenden.

§ 22 Feststellung der Abstände

(1) Die Grenzabstände werden von der Mittelachse der der Grenze nächsten Stämme, Triebe oder Hopfenstangen bei deren Austritt aus dem Boden, bei Drahtanlagen von Hopfenpflanzungen aber von dem der Grenze nächsten oberen Ende der Steigdrähte ab waagrecht bemessen.

(2) Im Verhältnis der durch öffentliche Wege oder durch Gewässer getrennten Grundstücke werden die Abstände von der Mitte des Weges oder Gewässers an gemessen.

(3) Ist die Einhaltung eines bestimmten Abstands von der Lage oder der Kulturart des Grundstücks oder des Nachbargrundstücks abhängig, so sind bei der Erneuerung einer Einfriedung, Spaliervorrichtung oder Pflanzung für die Bemessung des Abstands die dann bestehenden Verhältnisse dieses Grundstücks maßgebend. Dasselbe gilt, wenn in einer der Erneuerung gleichkommenden Weise die Einfriedung oder Spaliervorrichtung ausgebessert oder die Pflanzung ergänzt wird.

§ 26 Verjährung

(1) Der Anspruch auf Beseitigung von Einfriedungen, Spaliervorrichtungen oder Pflanzungen, die den Vorschriften der §§ 11 bis 18 nicht entsprechen, verjährt in fünf Jahren seit der Schaffung der Einfriedung, Spaliervorrichtung oder Pflanzung. Bei Pflanzungen beginnt der Lauf der Verjährungsfrist mit dem 1. Juli nach der Pflanzung. Bei an Ort und Stelle gezogenen Gehölzen beginnt sie am 1. Juli des zweiten Entwicklungsjahres. Bei späterer

Veränderung der artgemäßen Ausdehnung des Gehölzes beginnt die Verjährung von neuem.

(2) Die Berufung auf Verjährung ist ausgeschlossen, wenn die Einfriedung, die Spaliervorrichtung oder die Pflanzung erneuert wird. Dasselbe gilt, wenn die Einfriedung oder die Spaliervorrichtung in einer der Erneuerung gleichkommenden Weise ausgebessert oder die Pflanzung ergänzt wird.

(3) Der Anspruch auf das Zurückschneiden der Hecken, auf Beseitigung herüberragender Zweige und auf Verkürzung zu hoch gewachsener Gehölze ist der Verjährung nicht unterworfen.

§ 27 Abgrenzung des geschlossenen Wohnbezirks

Durch Gemeindesatzung kann bestimmt werden, welche Ortsteile zum geschlossenen Wohnbezirk gehören. Die baurechtlichen Bestimmungen bleiben unberührt.

§ 28 Erklärte Waldlage, erklärte Reblage und erklärte Gartenbaulage

(1) Teile des Gemeindegebiets außerhalb des geschlossenen Wohnbezirks und des Bereichs des Bebauungsplans können durch Gemeindesatzung zur Waldlage erklärt werden (erklärte Waldlage), wenn die Aufforderung mit Rücksicht auf die Standortverhältnisse oder aus Gründen der Landeskultur zweckmäßig ist.

(2) Teile des Gemeindegebiets können durch Gemeindesatzung zur Reblage erklärt werden (erklärte Reblage), wenn sie für den Weinbau besonders geeignet sind.

(3) Teile des Gemeindegebiets können durch Gemeindesatzung zur Gartenbaulage erklärt werden (erklärte Gartenbaulage), wenn sie für den unter Verwendung ortsfester Kulturvorrichtungen betriebenen Erwerbsgartenbau besonders geeignet sind.

(4) Die Gemeinde hat vor der Erklärung nach Abs. 1 das Landwirtschaftsamt und das Forstamt und vor der Erklärung nach Abs. 2 oder Abs. 3 das Landwirtschaftsamt zu hören.

§ 29 Erlaß von Gemeindesatzungen

(1) Die Gemeinde hat den Entwurf einer Satzung nach § 15 Abs. 2 und §§ 27 und 28 öffentlich bekanntzumachen. Die Betroffenen können innerhalb eines Monats nach der Bekanntmachung Einwendungen erheben. Hierauf ist in der öffentlichen Bekanntmachung hinzuweisen.

(2) Über die Einwendung ist gleichzeitig mit dem endgültigen Beschluß über die Satzung zu entscheiden.

Bayern

Gesetz zur Ausführung des Bürgerlichen Gesetzbuchs und anderer Gesetze (AGBGB)

vom 9. Juni 1899, in der Fassung vom 20. September 1982 (BayRS 400–1–J)

Art. 47 Grenzabstand von Pflanzen

(1) Der Eigentümer eines Grundstücks kann verlangen, daß auf einem Nachbargrundstück nicht Bäume, Sträucher oder Hecken, Weinstöcke oder Hopfenstöcke in einer geringeren Entfernung als 0,50 m oder, falls sie über 2 m hoch sind, in einer geringeren Entfernung als 2 m von der Grenze seines Grundstücks gehalten werden.

(2) Zugunsten eines Waldgrundstücks kann nur die Einhaltung eines Abstands von 0,50 m verlangt werden. Das gleiche gilt, wenn Wein oder Hopfen auf einem Grundstück angebaut wird, in dessen Lage dieser Anbau nach den örtlichen Verhältnissen üblich ist.

Art. 48 Grenzabstand bei landwirtschaftlichen Grundstücken

(1) Gegenüber einem landwirtschaftlich genutzten Grundstück, dessen wirtschaftliche Bestimmung durch Schmälerung des Sonnenlichts erheblich beeinträchtigt werden würde, ist mit Bäumen von mehr als 2 m Höhe ein Abstand von 4 m einzuhalten.

(2) Die Einhaltung des in Absatz 1 bestimmten Abstandes kann nur verlangt werden, wenn das Grundstück die bezeichnete wirtschaftliche Bestimmung schon zu der Zeit gehabt hat, zu der die Bäume die Höhe von 2 m überschritten haben.

Art. 49 Messung des Grenzabstands

Der Abstand nach Art. 47 und 48 wird von der Mitte des Stammes an der Stelle, an der dieser aus dem Boden hervortritt, bei Sträuchern und Hecken von der Mitte der zunächst an der Grenze befindlichen Triebe, bei Hopfenstöcken von der Hopfenstange oder dem Steigdraht ab gemessen.

Art. 50 Ausnahmen vom Grenzabstand

(1) Art. 47 und 48 sind nicht auf Gewächse anzuwenden, die sich hinter einer Mauer oder einer sonstigen dichten Einfriedung befinden und diese nicht oder nicht erheblich überragen. Sie gelten ferner nicht für Bepflanzungen, die längs einer öffentlichen Straße oder auf einem öffentlichen Platz gehalten werden, sowie für Bepflanzungen, die zum Uferschutz, zum Schutz von Abhängen oder Böschungen oder zum Schutz einer Eisenbahn dienen.

(2) Art. 48 Abs. 1 gilt auch nicht für Stein- und Kernobstbäume sowie Bäume, die sich in einem Hofraum oder einem Hausgarten befinden.

(3) Im Fall einer Aufforstung kann die Einhaltung des in Art. 48 Abs. 1 bestimmten Abstandes nicht verlangt werden, wenn die Aufforstung nach der Lage des aufzuforstenden Grundstücks der wirtschaftlichen Zweckmäßigkeit entspricht. Im übrigen bleiben die besonderen Vorschriften über den Grenzabstand bei der Erstaufforstung unberührt.

Art. 51 Ältere Gewächse und Waldungen

(1) Für die bereits zur Zeit des Inkrafttretens des Bürgerlichen Ge-

setzbuchs vorhandenen Bäume, Sträucher und Hecken sind die vor diesem Zeitpunkt geltenden Vorschriften weiterhin anzuwenden, soweit sie das Halten der Gewächse in einer geringeren als der nach Art. 47 bis 50 einzuhaltenden Entfernung von der Grenze des Nachbargrundstücks gestatten.

(2) Bei einem Grundstück, das bereits zur Zeit des Inkrafttretens des Bürgerlichen Gesetzbuchs mit Wald bestanden war, gilt bis zur ersten Verjüngung des Waldes nach Inkrafttreten des Bürgerlichen Gesetzbuchs das gleiche auch für neue Bäume und Sträucher. Auch nach der Verjüngung ist Art. 48 nicht anzuwenden.

(3) Der Eigentümer eines Waldgrundstücks ist verpflichtet, die Wurzeln eines Baumes oder Strauches, die von einem Nachbargrundstück eingedrungen sind, das bereits zur Zeit des Inkrafttretens des Bürgerlichen Gesetzbuchs mit Wald bestanden war, sowie die von einem solchen Grundstück herüberragenden Zweige bis zur ersten Verjüngung des Waldes auf dem Nachbargrundstück nach Inkrafttreten des Bürgerlichen Gesetzbuchs zu dulden.

(4) Dem Eigentümer eines anderen Grundstücks obliegt die Duldungspflicht nach Absatz 3 nur gegenüber den herüberragenden Zweigen, soweit diese mindestens 5 m vom Boden entfernt sind; die Entfernung wird bis zu den unteren Spitzen der Zweige gemessen. Herüberragende Zweige, die weniger als 5 m vom Boden entfernt sind, müssen auf der westlichen, nordwestlichen, südwestlichen und südlichen Seite des mit Wald bestandenen Grundstücks geduldet werden, wenn durch ihre Beseitigung der Fortbestand eines zum Schutz des Waldes erforderlichen Baumes oder Strauches gefährdet oder die Ertragsfähigkeit des Waldbodens infolge des Eindringens von Wind und Sonne beeinträchtigt werden würde.

Art. 52 Verjährung der nachbarrechtlichen Ansprüche

(1) Die sich aus Art. 43 bis 45 und Art. 46 Abs. 1 ergebenden An-

sprüche unterliegen nicht der Verjährung. Der Anspruch auf Beseitigung eines die Art. 47 bis 50 und Art. 51 Abs. 1 und 2 verletzenden Zustandes verjährt in fünf Jahren. Die Verjährung beginnt mit dem Ablauf des Kalenderjahres, in dem die Verletzung erkennbar wird.

(2) Sind Ansprüche nach Absatz 1 Sätze 2 und 3 verjährt und werden die Gewächse durch neue ersetzt, so kann hinsichtlich der neuen Gewächse die Einhaltung des in Art. 48 bis 50 und 51 Abs. 1 und 2 vorgeschriebenen Abstandes verlangt werden.

Berlin
Berliner Nachbarrechtsgesetze
vom 28. 9. 1973 (GVBl. S. 1654)

§ 27 Grenzabstände für Bäume und Sträucher
Der Eigentümer und der Nutzungsberechtigte eines Grundstücks haben mit Bäumen und Sträuchern folgende Mindestabstände von den Nachbargrundstücken einzuhalten:
1. mit Bäumen, und zwar
   a) mit *stark* wachsenden Bäumen, insbesondere der Rotbuche, der Linde, der Platane, der Roßkastanie, der Stieleiche, der Pappel, der Weißbirke, der Douglasfichte und dem Walnußbaum 3,00 m
   b) mit Bäumen, die nicht unter Buchstabe a oder c fallen 1,50 m
   c) mit nicht hochstämmigen Obstbäumen 1,00 m
2. mit Sträuchern 0,50 m.

§ 28 Grenzabstände für Hecken
(1) Der Eigentümer und der Nutzungsberechtigte eines Grundstücks haben mit Hecken von den Nachbargrundstücken folgende Mindestabstände einzuhalten:

1. mit Hecken über 2 m Höhe 1,00 m
2. mit Hecken bis zu 2 m Höhe 0,50 m.

(2) Absatz 1 gilt nicht für Hecken, die nach § 24 Satz 2 auf der Grenze gepflanzt werden.

§ 29 Ausnahmen von den Abstandsvorschriften

Die §§ 27 und 28 gelten nicht für

1. Anpflanzungen an den Grenzen zu Flächen für die Land- und Forstwirtschaft, zu öffentlichen Verkehrsflächen, zu öffentlichen Grünflächen und zu Gewässern,
2. Anpflanzungen auf öffentlichen Verkehrsflächen,
3. Anpflanzungen, die hinter einer geschlossenen Einfriedung vorgenommen werden und diese nicht überragen; als geschlossen gilt auch eine Einfriedung, deren Bauteile breiter sind als die Zwischenräume,
4. Wald.

§ 30 Berechnung des Abstandes

Der Abstand wird von der Mitte des Baumstammes, des Strauches oder der Hecke bis zur Grenzlinie gemessen, und zwar an der Stelle, an der die Pflanze aus dem Boden tritt. Bei Hecken, die aus mehreren Pflanzenreihen bestehen, wird der Abstand von der Mitte der Reihe gemessen, die der Grenze am nächsten steht.

§ 31 Beseitigungsanspruch

Wird der vorgeschriebene Mindestabstand nicht eingehalten, so kann der Nachbar die Beseitigung der Anpflanzung verlangen.

Der Eigentümer und der Nutzungsberechtigte des Grundstücks sind befugt, statt dessen die Anpflanzung auf ihrem Grundstück zurückzuschneiden, sofern auch auf diese Weise ein den Vorschriften dieses Gesetzes entsprechender Zustand hergestellt werden kann.

§ 32 Ausschluß des Beseitigungsanspruchs
Der Anspruch nach diesem Gesetz auf Beseitigung von Anpflanzungen, die die vorgeschriebenen Mindestabstände nicht einhalten, ist ausgeschlossen, wenn der Nachbar nicht bis zum Ablauf des fünften auf das Anpflanzen folgenden Kalenderjahres Klage auf Beseitigung erhoben hat. Für Hecken, die beim Anpflanzen den vorgeschriebenen Abstand einhalten, beginnt die Frist, wenn sie über die nach diesem Gesetz zulässige Höhe hinausgewachsen sind.

§ 33 Erstanpflanzungen
Werden für Anpflanzungen, bei denen der Beseitigungsanspruch nach § 32 ausgeschlossen ist, Erstanpflanzungen vorgenommen, so gelten für die Erstanpflanzungen die §§ 27 bis 32. Dies gilt nicht für die Ersetzung einzelner abgestorbener Heckenpflanzen einer geschlossenen Hecke.

§ 34 Nachträgliche Grenzänderungen
Die Rechtmäßigkeit des Abstandes einer Anpflanzung wird durch nachträgliche Grenzänderungen nicht berührt; § 33 gilt entsprechend.

§ 35 Wild wachsende Pflanzen
Die Vorschriften dieses Abschnitts gelten für wild wachsende Pflanzen entsprechend. Als Anpflanzen im Sinne des § 32 Satz 1 gilt die Erklärung des Grundstückseigentümers gegenüber dem Nachbarn, daß er die wild wachsenden Pflanze nicht beseitigen wolle.

Bremen entfällt

Hamburg entfällt

Hessen

Hessisches Nachbarrechtsgesetz

vom 24. 9. 1962 (GVBl. I S. 417)

§ 38 Grenzabstände für Bäume, Sträucher und einzelne Rebstöcke

Der Eigentümer und die Nutzungsberechtigten eines Grundstücks haben bei dem Anpflanzen von Bäumen, Sträuchern und einzelnen Rebstöcken von den Nachbargrundstücken – vorbehaltlich des § 40 – folgende Abstände einzuhalten:

1. mit Allee- und Parkbäumen, und zwar
   a) *sehr stark* wachsenden Allee- und Parkbäumen, insbesondere dem Eschenahorn (Acer negundo), sämtlichen Lindenarten (Tilia), der Platane (Platanus acerifolia), der Roßkastanie (Aesculus hippocastanum), der Rotbuche (Fagus sylvatica), der Stieleiche (Quercus robur), ferner der Atlas- und Libanon-Zeder (Cedrus atlantica und libani), der Douglasfichte (Pseudotsuga taxifolia), der Eibe (Taxus baccata), der Österreichischen Schwarzkiefer (Pinus nigra austriaca): 4 m
   b) *stark* wachsenden Allee- und Parkbäumen, insbesondere der Mehlbeere (Sorbus intermedia), der Weißbirke (Betula pendula), der Weißerle (Alnus incana), ferner der Fichte oder Rottanne (Picea abies), der gemeinen Kiefer oder Föhre (Pinus sylvestris), dem abendländischen Lebensbaum (Thuja occidentalis): 2 m
   c) allen übrigen Allee- und Parkbäumen: 1,50 m
2. mit Obstbäumen, und zwar
   a) Walnußsämlingsbäumen: 4 m
   b) Kernobstbäumen, soweit sie auf *stark* wachsender Unterlage veredelt sind, sowie Süßkirschbäumen und veredelten Walnußbäumen: 2 m
   c) Kernobstbäumen, soweit sie auf *schwach* wachsender Un-

terlage veredelt sind, sowie Steinobstbäumen, ausgenommen die Süßkirschbäume: 1,50 m

3. mit Ziersträuchern, und zwar
   a) *stark* wachsenden Ziersträuchern, insbesondere der Alpenrose (Rhododendron-Hybriden), dem Feldahorn (Acer campestre), dem Feuerdorn (Pyracantha coccinea), dem Flieder (Syringa vulgaris), dem Goldglöckchen (Forsythia intermedia), der Rotblättrigen Haselnuß (Corylus avellana v. fuscorubra), den stark wachsenden Pfeifensträuchern – falscher Jasmin – (Philadelphus coronarius, satsumanus, zeyheri u. a.), ferner dem Wacholder (Juniperus communis): 1 m
   b) allen übrigen Ziersträuchern: 0,50 m
4. mit Beerensträuchern, und zwar
   a) Brombeersträuchern: 1 m
   b) allen übrigen Beerenobststräuchern: 0,50 m
5. mit einzelnen Rebstöcken: 0,50 m

§ 39 Grenzabstand für lebende Hecken

(1) Der Eigentümer und die Nutzungsberechtigten eines Grundstücks haben bei dem Anpflanzen lebender Hecken von den Nachbargrundstücken – vorbehaltlich des § 40 – folgende Absätze einzuhalten:

1. mit Hecken über 2 m Höhe: 0,75 m
2. mit Hecken bis zu 2 m Höhe: 0,50 m
3. mit Hecken bis zu 1,20 m Höhe: 0,25 m

(2) Abs. 1 gilt nicht für Hecken, die das öffentliche Recht als Einfriedung vorschreibt.

§ 40 Ausnahmen

(1) Die doppelten Abstände nach den §§ 38 und 39 sind einzuhalten gegenüber Grundstücken, die

1. dem Weinbau dienen,

2. landwirtschaftlich nutzbar sind oder dem Erwerbsgartenbau oder dem Kleingarten dienen und im Außenbereich (§ 19 Abs. 2 des Bundesbaugesetzes) liegen oder
3. durch Bebauungsplan der landwirtschaftlichen, erwerbsgärtnerischen oder kleingärtnerischen Nutzung vorbehalten sind.

(2) Die §§ 38 und 39 gelten nicht für
1. Anpflanzungen, die hinter einer Wand oder Mauer vorgenommen werden und diese nicht überragen,
2. Anpflanzungen an den Grenzen zu öffentlichen Grünflächen und zu Gewässern,
3. Anpflanzungen auf öffentlichen Straßen.

(3) § 13 Abs. 4 und 5 des Hessischen Forstgesetzes vom 10. November 1954 (GVBl. S. 211) bleibt unberührt.

§ 41 Berechnung des Abstandes

Der Abstand wird von der Mitte des Baumstammes, des Strauches oder des Rebstocks bis zur Grenzlinie gemessen, und zwar an der Stelle, an der der Baum, der Strauch oder der Rebstock aus dem Boden austritt.

§ 42 Grenzabstand im Weinbau

(1) Der Eigentümer und die Nutzungsberechtigten eines dem Weinbau dienenden Grundstücks haben bei dem Anpflanzen von Rebstöcken folgende Abstände einzuhalten:
1. gegenüber der parallel zu den Rebzeilen verlaufenden Grenze die Hälfte des geringsten Zeilenabstandes, gemessen zwischen den Mittellinien der Rebzeile, mindestens aber 0,75 m.
2. gegenüber den sonstigen Grenzen, gerechnet von dem äußersten Rebstock oder von der Verankerung, falls eine solche vorhanden ist, 0,5 m.

(2) Übersteigt die Gesamthöhe der Rebanlage 1,8 m (Rebschnittgärten, Weitraumanlage), so beträgt der Abstand nach Abs. 1 Nr. 1 mindestens 1,5 m.

§ 43 Ausschluß des Beseitigungsanspruchs und Ersatzanpflanzungen

(1) Der Anspruch auf Beseitigung von Anpflanzungen, die geringere als die in den §§ 38 bis 42 vorgeschriebenen Abstände einhalten, ist ausgeschlossen,

1. wenn die Anpflanzungen bei Inkrafttreten dieses Gesetzes vorhanden sind und ihre Abstände dem bisherigen Recht entsprechen oder
2. wenn der Nachbar nicht binnen fünf Jahren nach *Anpflanzen* Klage auf Beseitigung erhoben hat; diese Frist beginnt frühestens mit dem Inkrafttreten dieses Gesetzes.

(2) Werden für die in Abs. 1 genannten Anpflanzungen Ersatzanpflanzungen vorgenommen, so gelten die §§ 38 bis 42. Werden aber in geschlossenen Obstanlagen einzelne Obstbäume nachgepflanzt, so bleibt der Abstand der anderen Obstbäume maßgebend.

§ 44 Nachträgliche Grenzänderungen

Die Rechtmäßigkeit des Abstandes einer Anpflanzung wird durch nachträgliche Grenzänderungen nicht berührt, jedoch gilt § 43 Abs. 2 entsprechend.

§ 45 Anwendungsbereich des Gesetzes

Die §§ 1 bis 44 gelten nur, soweit öffentlich-rechtliche Vorschriften nicht entgegenstehen oder die Beteiligten nichts anderes vereinbaren.

Niedersachsen

Niedersächsisches Nachbarrechtsgesetz

vom 31. März 1967 (Nieders. GVBl. S. 91)

Grenzabstände für Pflanzen, ausgenommen Waldungen

§ 50 Grenzabstände für Bäume und Sträucher

(1) Mit Bäumen und Sträuchern sind je nach ihrer Höhe mindestens folgende Abstände von den Nachbargrundstücken einzuhalten:

a) bis zu 1,2 m Höhe: 0,25 m
b) bis zu 2 m Höhe: 0,50 m
c) bis zu 3 m Höhe: 0,75 m
d) bis zu 5 m Höhe: 1,25 m
e) bis zu 15 m Höhe: 3,00 m
f) über 15 m Höhe: 8,00 m

(2) Die in Absatz 1 bestimmten Abstände gelten auch für lebende Hecken, falls die Hecke nicht gemäß § 30 auf die Grenze gepflanzt wird. Sie gelten auch für ohne menschliches Zutun gewachsene Pflanzen.

(3) Im Falle des § 31 ist der Abstand so zu bemessen, daß vor den Pflanzen ein Streifen von 0,60 m freibleibt.

(4) Die Abs. 1 bis 3 gelten auch für die Nutzungsberechtigten von Teilflächen eines Grundstücks in ihrem Verhältnis zueinander.

§ 51 Bestimmung des Abstandes

Der Abstand wird am Erdboden von der Mitte des Baumes oder des Strauches bis zur Grenze gemessen.

§ 52 Ausnahmen

(1) § 50 gilt nicht für

1. Anpflanzungen hinter einer Wand oder einer undurchsichtigen Einfriedung, wenn sie diese nicht überragen,
2. Anpflanzungen an den Grenzen zu öffentlichen Straßen und zu Gewässern,
3. Anpflanzungen auf öffentlichen Straßen und auf Uferböschungen.

(2) Im Außenbereich (§ 19 Abs. 2 des Bundesbaugesetzes) genügt ein Grenzabstand von 1,25 m für alle Anpflanzungen über 3 m Höhe.

§ 53 Anspruch auf Beseitigen oder Zurückschneiden

(1) Bäume, Sträucher oder Hecken mit weniger als 0,25 m Grenzabstand sind auf Verlangen des Nachbarn zu beseitigen. Der Nachbar kann dem Eigentümer die Wahl lassen, die Anpflanzungen zu beseitigen oder durch Zurückschneiden auf einer Höhe bis zu 1,2 m zu halten.

(2) Bäume, Sträucher oder Hecken, welche über die im § 50 oder § 52 zugelassenen Höhen hinauswachsen, sind auf Verlangen des Nachbarn auf die zulässige Höhe zurückzuschneiden, wenn der Eigentümer sie nicht beseitigen will.

(3) Der Eigentümer braucht die Verpflichtung zur Beseitigung oder zum Zurückschneiden von Pflanzen nur in der Zeit vom 1. Oktober bis zum 15. März zu erfüllen.

§ 54 Ausschluß des Anspruches auf Beseitigung oder Zurückschneiden

(1) Der Anspruch auf Beseitigung von Anpflanzungen mit weniger als 0,25 m Grenzabstand (§ 53 Abs. 1 Satz 1) ist ausgeschlossen, wenn der Nachbar nicht spätestens im fünften auf die Anpflanzung folgenden Kalenderjahr Klage auf Beseitigung erhebt. Diese Anpflanzungen müssen jedoch, wenn sie über 1,2 m Höhe hinauswachsen, auf Verlangen des Nachbarn zurückgeschnitten werden.

(2) Der Anspruch auf Zurückschneiden von Anpflanzungen (Absatz 1 Satz 2 und § 53 Abs. 2) ist ausgeschlossen, wenn die Anpflanzungen über die nach diesem Gesetz zulässige Höhe hinausgewachsen und der Nachbar nicht spätestens im fünften darauffolgenden Kalenderjahr Klage auf Zurückschneiden erhebt.

§ 55 Bei Inkrafttreten des Gesetzes vorhandene Pflanzen – Außenbereich

(1) Für Anpflanzungen, die bei Inkrafttreten dieses Gesetzes vorhanden sind und deren Grenzabstand dem bisherigen Recht entspricht, gelten folgende besondere Regelungen:

1. Der Anspruch auf Beseitigung (§ 53 Abs. 1 Satz 1) ist ausgeschlossen.
2. Der Anspruch auf Zurückschneiden (§ 53 Abs. 2) ist ausgeschlossen, wenn die Anpflanzung bei Inkrafttreten des Gesetzes über 3 m hoch ist.
3. Anpflanzungen, die bei Inkrafttreten des Gesetzes nicht über 3 m hoch sind, jedoch über die nach § 50 Abs. 1 Buchst. a und b zulässigen Höhen von 1,2 m oder 2 m hinausgewachsen waren, sind auf Verlangen des Nachbarn durch Zurückschneiden auf derjenigen Höhe zu halten, die sie bei Inkrafttreten des Gesetzes hatten; der weitergehende Anspruch auf Zurückschneiden ist ausgeschlossen, § 54 Abs. 2 ist entsprechend anzuwenden.

(2) Absatz 1 gilt entsprechend für Anpflanzungen, deren Standort infolge Veränderung des Außenbereichs (§ 19 Abs. 2 des Bundesbaugesetzes) aufhört, zum Außenbereich zu gehören.

(3) Entspricht der Grenzabstand von Anpflanzungen, die bei Inkrafttreten des Gesetzes vorhanden sind, nicht dem bisherigen Recht, so enden die in § 54 bestimmten Fristen frühestens zwei Jahre nach Inkrafttreten dieses Gesetzes.

§ 56 Ersatzanpflanzungen

Bei Ersatzanpflanzungen sind die in den §§ 50 und 52 Abs. 2 vorgeschriebenen Abstände einzuhalten; jedoch dürfen in geschlossenen Anlagen einzelne Bäume oder Sträucher nachgepflanzt werden und zur Höhe der übrigen heranwachsen.

§ 57 Nachträgliche Grenzänderungen

Die Rechtmäßigkeit des Abstandes und der Höhe einer Anpflanzung wird durch nachträgliche Grenzänderungen nicht berührt; jedoch gilt § 56 entsprechend.

Grenzabstände für Waldungen

§ 58 Grenzabstände

(1) In Waldungen sind von den Nachbargrundstücken mit Ausnahme von Ödland, öffentlichen Straßen, öffentlichen Gewässern und anderen Waldungen folgende Abstände einzuhalten:
mit Gehölzen bis zu 2 m Höhe: 1 m
mit Gehölzen bis zu 4 m Höhe: 2 m
mit Gehölzen über 4 m Höhe: 8 m

(2) Werden Waldungen verjüngt, die bei Inkrafttreten dieses Gesetzes vorhanden sind, so genügt für die neuen Gehölze über 4 m Höhe der bisherige Grenzabstand derartiger Gehölze, jedoch ist mit ihnen mindestens 4 m Grenzabstand einzuhalten.

(3) Die §§ 51, 56 und 57 sind entsprechend anzuwenden.

§ 59 Beseitigungsanspruch

(1) Gehölze, die entgegen § 58 nicht den Mindestgrenzabstand von 1 m haben oder über die zulässige Höhe hinauswachsen, sind auf Verlangen des Nachbarn zu beseitigen.

(2) Der Anspruch auf Beseitigung ist ausgeschlossen,

1. wenn die Gehölze bei Inkrafttreten dieses Gesetzes rechtmäßig vorhanden waren oder
2. wenn nach Inkrafttreten dieses Gesetzes gepflanzte Gehölze über die zulässige Höhe hinauswachsen und der Nachbar nicht spätestens in dem fünften darauffolgenden Kalenderjahr Klage auf Beseitigung erhebt.

Nordrhein-Westfalen
Nachbarrechtsgesetz
vom 15. 4. 1969, geändert 1975

§ 40 Grenzabstände für Wald

(1) Auf Waldgrundstücken ist freizuhalten

a) zu benachbarten Waldgrundstücken, Ödländereien oder Heidegrundstücken

1. ein Streifen von 1 m Breite von jedem Baumwuchs und
2. ein weiterer Streifen von 2 m Breite von Nadelholz über 2 m Höhe mit Ausnahme der Lärche

b) zu Wegen ein Streifen von 2 m Breite von Baumwuchs über 2 m Höhe,

c) zu benachbarten landwirtschaftlichen, gärtnerisch oder durch Weinbau genutzten oder zu diesen Zwecken vorübergehend nicht genutzten Grundstücken

1. ein Streifen von 1 m Breite von jedem Baumwuchs und
2. ein weiterer Streifen von 3 m Breite von Baumwuchs über 2 m Höhe. Mit Pappelwald ist gegenüber den unter Buchstabe c) genannten Grundstücken ein Abstand von 6 m einzuhalten.

(2) Mit erstmalig begründetem Wald ist zu benachbarten erwerbsgärtnerisch oder durch Weinbau genutzten oder zu diesen Zwecken vorübergehend nicht genutzten Grundstücken für die Dauer von 30 Jahren das Doppelte der in Absatz 1 Buchstabe c) vorgeschriebenen Abstände einzuhalten. Für Pappelwald hat der Abstand in diesem Falle 8 m zu betragen.

(3) Durch schriftlichen Vertrag, in dem die Katasterbezeichnungen der Grundstücke anzugeben sind, kann ein von Absatz 1 und 2 abweichender Abstand des Baumwuchses von der Grenze, jedoch kein geringerer Abstand als 1 m für einen in dem Vertrag festzulegenden Zeitraum vereinbart werden. Wird ein Grundstück, auf das sich eine solche Vereinbarung bezieht, während der Dauer der Vereinbarung veräußert oder geht es durch Erb-

folge oder in anderer Weise auf einen Rechtsnachfolger über, so tritt der Erwerber in die Rechte und Verpflichtungen aus der Vereinbarung ein.

§ 41 Grenzabstände für bestimmte Bäume, Sträucher und Rebstöcke

(1) Mit Bäumen außerhalb des Waldes, Sträuchern und Rebstöcken sind von den Nachbargrundstücken – vorbehaltlich des § 43 – folgende Abstände einzuhalten:

1. mit Bäumen außer den Obstgehölzen, und zwar
   a) stark wachsenden Bäumen, insbesondere der Rotbuche (Fagus sylvatica) und sämtliche Arten der Linde (Tilia), der Platane (Platanus), der Roßkastanie (Aesculus), der Eiche (Quercus) und der Pappel (Populus): 4,00 m
   b) allen übrigen Bäumen: 2,00 m
2. mit Ziersträuchern, und zwar
   a) stark wachsenden Ziersträuchern, insbesondere dem Feldahorn (Acer campestre), dem Flieder (Syringa vulgaris), dem Goldglöckchen (Forsythia intermedia), der Haselnuß (Corylus avellana), den Pfeifensträuchern – falscher Jasmin – (Philadelphus coronarius): 1,00 m
   b) allen übrigen Ziersträuchern: 0,50 m
3. mit Obstgehölzen, und zwar
   a) Kernobstbäumen, soweit sie auf stark wachsender Unterlage veredelt sind sowie Süßkirschenbäumen, Walnußbäumen und Eßkastanienbäumen: 2,00 m
   b) Kernobstbäumen, soweit sie auf mittelstark wachsender Unterlage veredelt sind, sowie Steinobstbäumen, ausgenommen die Süßkirschenbäume: 1,50 m
   c) Kernobstbäumen, soweit sie auf schwach wachsender Unterlage veredelt sind: 1,00 m
   d) Brombeersträuchern: 1,00 m
   e) allen übrigen Beerenobststräuchern: 0,50 m

4. mit Rebstöcken, und zwar
   a) in geschlossenen Rebanlagen, deren Gesamthöhe 1,80 m übersteigt (Weitraumanlagen): 1,50 m
   b) in allen übrigen geschlossenen Rebanlagen: 0,75 m
   c) einzelnen Rebstöcken: 0,50 m

(2) Ziersträucher und Beerenobststräucher dürfen in ihrer Höhe das Dreifache ihres Abstandes zum Nachbargrundstück nicht überschreiten. Strauchtriebe, die in einem geringeren als der Hälfte des vorgeschriebenen Abstandes aus dem Boden austreten, sind zu entfernen.

§ 42 Grenzabstände für Hecken

Es sind mit Hecken – vorbehaltlich des § 43 –

a) über 2 m Höhe: 1,00 m
   und
b) bis zu 2 m Höhe: 0,50 m

Abstand von der Grenze einzuhalten. Das gilt nicht, wenn das öffentliche Recht andere Grenzabstände vorschreibt.

§ 43 Verdoppelung der Abstände

Die doppelten Abstände nach den §§ 41 und 42, höchstens jedoch 6 m, sind einzuhalten gegenüber Grundstücken, die

a) landwirtschaftlich, gärtnerisch oder durch Weinbau genutzt oder zu diesen Zwecken vorübergehend nicht genutzt sind und im Außenbereich (§ 19 Abs. 2 des Bundesbaugesetzes) liegen oder
b) durch Bebauungsplan der landwirtschaftlichen, gärtnerischen oder weinbaulichen Nutzung vorbehalten sind.

§ 44 Baumschulen

Es sind mit Baumschulbeständen

a) über 2 m Höhe: 2,00 m
b) bis zu 2 m Höhe: 1,00 m

und

c) bis zu 1 m Höhe: 0,50 m

Abstand von der Grenze einzuhalten.

§ 45 Ausnahmen

(1) Die §§ 40 bis 44 gelten nicht für

a) Anpflanzungen an den Grenzen zu öffentlichen Verkehrsflächen, zu öffentlichen Grünflächen und zu oberirdischen Gewässern von mehr als 4 m Breite (Mittelwasserstand),

b) Anpflanzungen auf öffentlichen Verkehrsflächen,

c) Anpflanzungen, die hinter einer geschlossenen Einfriedung vorgenommen werden und diese nicht überragen; als geschlossen im Sinne dieser Vorschrift gilt auch eine Einfriedung, deren Bauteile breiter sind als die Zwischenräume,

d) Windschutzstreifen und ähnliche, dem gleichen Zweck dienende Hecken und Baumbestände außerhalb von Waldungen,

e) Anpflanzungen, die bei Inkrafttreten dieses Gesetzes vorhanden sind und deren Abstand dem bisherigen Recht entspricht.

(2) § 40 Abs. 1 Buchstabe a) Nr. 1 und 2 gilt nicht, soweit gemäß dem Forstrecht nach gemeinsamen Betriebsplänen von den Eigentumsgrenzen gewirtschaftet wird.

(3) Wird für die in Absatz 1 Buchstabe e) genannten Anpflanzungen eine Ersatzpflanzung vorgenommen, so gelten die §§ 40 bis 44 und 46.

(4) Absätze 1 und 2 gelten auch für Bewuchs, der durch Aussamung oder Auswuchs entstanden ist.

§ 46 Berechnung des Abstandes

Der Abstand wird von der Mitte des Baumstammes, des Strauches oder des Rebstockes waagerecht und rechtwinklig zur Grenze gemessen, und zwar an der Stelle, an der der Baum, der Strauch oder der Rebstock aus dem Boden austritt. Bei Hecken ist von der Seitenfläche aus zu messen.

§ 47 Ausschluß des Beseitigungsanspruches

(1) Der Anspruch auf Beseitigung einer Anpflanzung, mit der ein geringerer als der in den §§ 40 bis 44 und 46 vorgeschriebene Abstand eingehalten wird, ist ausgeschlossen, wenn der Nachbar nicht binnen sechs Jahren nach dem Anpflanzen Klage auf Beseitigung erhoben hat; diese Frist beginnt frühestens mit dem Inkrafttreten dieses Gesetzes. Ist die Anpflanzung in diesem Zeitpunkt seit mindestens 5 Jahren vorhanden und entspricht deren Abstand auch nicht dem bisherigen Recht, so kann die Klage auf Beseitigung nur noch innerhalb eines Jahres nach dem Inkrafttreten dieses Gesetzes erhoben werden.

(2) § 45 Abs. 3 und 4 gilt entsprechend.

§ 48 Nachträgliche Grenzänderungen

Die Rechtmäßigkeit des Abstandes wird durch nachträgliche Grenzänderungen nicht berührt; jedoch gilt § 45 Abs. 3 und 4 entsprechend.

Rheinland-Pfalz

Nachbarrechtsgesetz für Rheinland-Pfalz

vom 15. Juni 1970

§ 44 Grenzabstände für Bäume, Sträucher und einzelne Rebstöcke

Eigentümer und Nutzungsberechtigte eines Grundstücks haben mit Bäumen, Sträuchern und einzelnen Rebstöcken von den Nachbargrundstücken – vorbehaltlich des § 46 – folgende Abstände einzuhalten:

1. mit Bäumen (ausgenommen Obstbäume), und zwar
   a) sehr stark wachsenden Bäumen mit artgemäß ähnlicher Ausdehnung wie Bergahorn (Acer pseudoplatanus), Sommerlinde (Tilia platyphyllos), Pappelarten (Populus), Platane (Platanus acerifolia), Roßkastanie (Aesculus hippocasta-

num), Stieleiche (Quercus robur), ferner Douglasfichte (Pseudotsuga taxifolia), Fichte (Picea abies), Österreichische Schwarzkiefer (Pinus nigra austriaca), Atlaszeder (Cedrus atlantica): 4 m

b) stark wachsenden Bäumen mit artgemäß ähnlicher Ausdehnung wie Hainbuche (Carpinus betulus), Vogelbeere (Sorbus aucuparia), Weißbirke (Betula pendula), Zierkirsche (Prunus serrulata), Kiefer (Pinus sylvestris), Lebensbaum (Thuja occidentalis): 2 m

c) allen übrigen Bäumen: 1,5 m

2. mit Obstbäumen, und zwar
   a) Walnußsämlingen: 4 m
   b) Kernobstbäumen, auf stark wachsenden Unterlagen veredelt, sowie Süßkirschenbäumen mit veredelten Walnußbäumen: 2 m
   c) Kernobstbäumen, auf schwach wachsenden Unterlagen veredelt, sowie Steinobstbäumen, ausgenommen Süßkirschenbäumen: 1,5 m
3. mit Sträuchern (ausgenommen Beerenobststräuchern), und zwar
   a) stark wachsenden Sträuchern mit artgemäß ähnlicher Ausdehnung wie Alpenrose (Rhododendron-Hybriden), Haselnuß (Coryplus avellana), Felsenmispel (Cotoneaster bullata), Flieder (Syringa vulgaris), Goldglöckchen (Forsythia intermedia), Wacholder (Juniperus communis): 1 m
   b) bei allen übrigen Sträuchern: 0,5 m
4. mit Beerenobststräuchern, und zwar
   a) Brombeersträuchern: 1,0 m
   b) allen übrigen Beerenobststräuchern: 0,5 m
5. mit einzelnen Rebstöcken: 0,5 m
6. mit allen Baumschulbeständen: 1,0 m

wobei die Gehölze mit Ausnahme der Baumschulbestände von Sträuchern und Beerenobststräuchern die Höhe von 2 m nicht überschreiten dürfen, es sei denn, daß die Abstände nach Nummern 1 oder 2 eingehalten werden,

7. mit Weihnachtsbaumbepflanzungen: 1,0 m
wobei die Gehölze die Höhe von 2 m nicht überschreiten dürfen, es sei denn, daß die Abstände nach Nummer 1 eingehalten werden.

§ 45 Grenzabstände für Hecken

(1) Der Eigentümer und der Nutzungsberechtigte eines Grundstücks haben mit Hecken gegenüber den Nachbargrundstücken – vorbehaltlich des § 46 – folgende Abstände einzuhalten:

1. mit Hecken über 1,5 m Höhe: 0,75 m
2. mit Hecken bis zu 1,5 m Höhe: 0,50 m
3. mit Hecken bis zu 1,0 m Höhe: 0,25 m

(2) Hecken im Sinne des Absatz 1 sind Schnitt- und Formhecken, und zwar auch dann, wenn sie im Einzelfall nicht geschnitten werden.

§ 46 Ausnahmen

(1) Die doppelten Abstände nach den §§ 44 und 45, in den Fällen des § 44 Nr. 1 a und Nr. 2 a jedoch die $1\frac{1}{2}$fachen Abstände mit Ausnahme der Abstände für die Pappelarten (Populus), sind einzuhalten gegenüber Grundstücken, die

1. dem Weinbau dienen,
2. landwirtschaftlich, erwerbsgärtnerisch oder kleingärtnerisch genutzt werden, sofern nicht durch Bebauungsplan eine andere Nutzung festgelegt ist oder durch Bebauungsplan dieser Nutzung vorbehalten sind.

(2) Die §§ 44 und 45 gelten nicht für

1. Anpflanzungen, die hinter einer undurchsichtigen Einfriedung vorgenommen werden und diese nicht überragen,
2. Anpflanzungen an den Grenzen zu öffentlichen Grünflächen und zu Gewässern,

3. Anpflanzungen zum Schutze von erosions- und rutschgefährdeten Böschungen oder steilen Hängen,
4. Anpflanzungen gegenüber Grundstücken außerhalb des geschlossenen Baugebietes, die geringwertiges Weideland (Hutung) oder Heide sind oder die landwirtschaftlich oder gartenbaulich nicht genützt werden, nicht bebaut sind und auch nicht als Hofraum dienen.

§ 47 Berechnung des Abstandes

Der Abstand wird von der Mitte des Baumstammes, des Strauches, der Hecke oder des Rebstocks bis zur Grenzlinie gemessen, und zwar an der Stelle, an der die Pflanze aus dem Boden austritt.

§ 48 Grenzabstände im Weinbau

(1) Der Eigentümer und der Nutzungsberechtigte eines dem Weinbau dienenden Grundstücks haben bei der Anpflanzung von Rebstöcken folgende Abstände von der Grundstücksgrenze einzuhalten:

1. gegenüber den parallel zu den Rebzeilen verlaufenden Grenzen die Hälfte des geringsten Zeilenabstandes, gemessen zwischen den Mittellinien der Rebzeilen, mindestens aber 0,75 m bei Zeilenbreiten bis zu 2 m und 1,40 m bei Zeilenbreiten von über 2 m,
2. gegenüber den sonstigen Grenzen, gerechnet vom äußersten Rebstock oder der äußersten Verankerung der Erziehungsvorrichtung an, mindestens 1 m.

(2) Absatz 1 gilt nicht für die Anpflanzung von Rebstöcken an Grundstücksgrenzen, die durch Stützmauern gebildet werden, sowie in den in § 46 Abs. 2 genannten Fällen.

§ 49 Grenzabstände für Wald

(1) Wird ein Wald neu begründet und verjüngt, so sind gegenüber Nachbargrundstücken folgende Abstände einzuhalten:

1. gegenüber dem Weinbau dienenden Grundstücken: 10 m
2. gegenüber öffentlichen Verkehrsflächen und Wirtschaftswegen: 3 m
3. gegenüber sonstigen Grundstücken, die nicht mit Wald bepflanzt sind
   bei Neubegründung: 6 m
   und bei Verjüngung: 4 m
4. gegenüber Grundstücken, die mit Wald bepflanzt sind: 2 m

(2) Der nach Absatz 1 freizuhaltende Streifen kann mit Laubgehölzen bepflanzt werden, deren natürlicher Wuchs bei einem Grenzabstand bis zu 3 m die Höhe von 6 m und bei einem Grenzabstand bis zu 1 m die Höhe von 2 m nicht überschreitet.

§ 50 Abstände von Spaliervorrichtungen und Pergolen

(1) Mit Spaliervorrichtungen und Pergolen, die eine flächenmäßige Ausdehnung der Pflanzen bezwecken und die nicht höher als 2 m sind, ist ein Abstand von 0,50 m und, wenn sie höher als 2 m sind, ein um das Maß der Mehrhöhe größerer Abstand von der Grenze einzuhalten.

(2) Absatz 1 gilt nicht in den in § 45 Abs. 2 genannten Fällen.

§ 51 Ausschluß des Beseitigungsanspruchs

(1) Der Anspruch auf Beseitigung von Anpflanzungen, die geringere als die in den §§ 44 bis 50 vorgeschriebenen Abstände einhalten, ist ausgeschlossen, wenn der Nachbar nicht innerhalb von fünf Jahren nach dem Anpflanzen Klage auf Beseitigung erhoben hat. Dies gilt nicht für Anpflanzungen an der Grenze eines Wirtschaftsweges.

(2) Werden für die in Absatz 1 genannten Anpflanzungen Ersatzpflanzungen vorgenommen, so gelten die §§ 44 bis 50.

§ 52 Nachträgliche Grenzänderungen

(1) Die Rechtmäßigkeit des Abstands einer Anpflanzung wird

durch nachträgliche Grenzänderungen nicht berührt; § 51 Abs. 2 ist entsprechend anzuwenden.

Saarland
Saarländisches Nachbarrechtgesetz
vom 28. Februar 1973

Zwölfter Abschnitt: Grenzabstände für Pflanzen

§ 48 Grenzabstände für Bäume, Sträucher und einzelne Rebstöcke

Eigentümer und Nutzungsberechtigte eines Grundstücks haben mit Bäumen, Sträuchern und einzelnen Rebstöcken von den Nachbargrundstücken – vorbehaltlich des § 50 – folgende Abstände einzuhalten:

1. mit Bäumen (ausgenommen Obstbäume), und zwar
   a) sehr stark wachsenden Bäumen mit artgemäß ähnlicher Ausdehnung wie Bergahorn (Acer pseudoplatanus), Sommerlinde (Tilia platyphyllos), Pappelarten (Populus), Platane (Platanus acerifolia), Roßkastanie (Aesculus hippocastanum), Stieleiche (Quercus robur), ferner Douglasfichte (Pseudotsuga taxifolia), Fichte (Picea abies), Österreichische Schwarzkiefer (Pinus nigra austriaca), Atlaszeder (Cedrus atlantica): 4 m
   b) stark wachsenden Bäumen mit artgemäß ähnlicher Ausdehnung wie Hainbuche (Carpinus betulus), Vogelbeere (Sorbus aucuparia), Weißbirke (Betula pendula), Zierkirsche (Prunus serrulata), Kiefer (Pinus sylvestris), Lebensbaum (Thuja occidentalis): 2 m
   c) allen übrigen Bäumen: 1,5 m
2. mit Obstbäumen, und zwar
   a) Walnußsämlingen: 4 m
   b) Kernobstbäumen, auf stark wachsenden Unterlagen ver-

edelt, sowie Süßkirschenbäumen mit veredelten Walnußbäumen: 2 m

c) Kernobstbäumen, auf schwach wachsenden Unterlagen veredelt, sowie Steinobstbäumen, ausgenommen Süßkirschenbäumen: 1,5 m

3. mit Sträuchern (ausgenommen Beerenobststräuchern), und zwar
   a) stark wachsenden Sträuchern mit artgemäß ähnlicher Ausdehnung wie Alpenrose (Rhododendron-Hybriden), Haselnuß (Coryplus avellana), Felsenmispel (Cotoneaster bullata), Flieder (Syringa vulgaris), Goldglöckchen (Forsythia intermedia), Wacholder (Juniperus communis): 1 m
   b) bei allen übrigen Sträuchern: 0,5 m
4. mit Beerenobststräuchern, und zwar
   a) Brombeersträuchern: 1,0 m
   b) allen übrigen Beerenobststräuchern: 0,5 m
5. mit einzelnen Rebstöcken: 0,5 m
6. mit allen Baumschulbeständen: 1,0 m
   wobei die Gehölze mit Ausnahme der Baumschulbestände von Sträuchern und Beerenobststräuchern die Höhe von 2 m nicht überschreiten dürfen, es sei denn, daß die Abstände nach Nummern 1 oder 2 eingehalten werden,
7. mit Weihnachtsbaumpflanzungen: 1,0 m
   wobei die Gehölze die Höhe von 2 m nicht überschreiten dürfen, es sei denn, daß die Abstände nach Nummer 1 eingehalten werden.

§ 49 Grenzabstände für Hecken

(1) Der Eigentümer und der Nutzungsberechtigte eines Grundstücks haben mit Hecken gegenüber den Nachbargrundstücken – vorbehaltlich des § 50 – folgende Abstände einzuhalten:

1. mit Hecken über 1,5 m Höhe: 0,75 m
2. mit Hecken bis zu 1,5 m Höhe: 0,50 m

3. mit Hecken bis zu 1,0 m Höhe: 0,25 m

(2) Hecken im Sinne des Absatzes 1 sind Schnitt- und Formhecken, und zwar auch dann, wenn sie im Einzelfall nicht geschnitten werden.

§ 50 Ausnahmen

(1) Die doppelten Abstände nach den §§ 48 und 49, in den Fällen des § 48 Nr. 1 a und Nr. 2 a jedoch die $1^1/_2$fachen Abstände mit Ausnahme der Abstände für die Pappelarten (Populus), sind einzuhalten gegenüber Grundstücken, die

1. dem Weinbau dienen,
2. landwirtschaftlich, erwerbsgärtnerisch oder kleingärtnerisch genutzt werden, sofern nicht durch Bebauungsplan eine andere Nutzung festgelegt ist oder durch Bebauungsplan dieser Nutzung vorbehalten sind.

(2) Die §§ 48 und 49 gelten nicht für

1. Anpflanzungen, die hinter einer undurchsichtigen Einfriedung vorgenommen werden und diese nicht übersteigen,
2. Anpflanzungen an den Grenzen zu öffentlichen Verkehrsflächen, zu öffentlichen Grünflächen und zu Gewässern,
3. Anpflanzungen zum Schutze von erosions- und rutschgefährdeten Böschungen oder steilen Hängen,
4. Anpflanzungen gegenüber Grundstücken, die außerhalb eines im Zusammenhang bebauten Ortsteils liegen und nicht in einem Bebauungsplan als Bauland ausgewiesen sind, die geringwertiges Weideland (Hutung) oder Heide sind oder die landwirtschaftlich oder gartenbaulich nicht genutzt werden, nicht bebaut sind und auch nicht als Hofraum dienen.

§ 51 Berechnung des Abstandes

Der Abstand wird von der Mitte des Baumstammes, des Strauches, der Hecke oder des Rebstocks bis zur Grenzlinie gemessen, und zwar an der Stelle, an der die Pflanze aus dem Boden austritt.

§ 52 Grenzabstände im Weinbau

(1) Der Eigentümer und der Nutzungsberechtigte eines dem Weinbau dienenden Grundstücks haben bei der Anpflanzung von Rebstöcken folgende Abstände von der Grundstücksgrenze einzuhalten:

1. gegenüber den parallel zu den Rebzeilen verlaufenden Grenzen die Hälfte des geringsten Zeilenabstandes, gemessen zwischen den Mittellinien der Rebzeilen, mindestens aber 0,75 m bei Zeilenbreiten bis zu 2 m und 1,40 m bei Zeilenbreiten von über 2 m,
2. gegenüber den sonstigen Grenzen, gerechnet vom äußersten Rebstock oder der äußersten Verankerung der Erziehungsvorrichtungen an, mindestens 1 m.

(2) Absatz 1 gilt nicht für die Anpflanzung von Rebstöcken an Grundstücksgrenzen, die durch Stützmauern gebildet werden, sowie in den in § 50 Abs. 2 genannten Fällen.

§ 53 Grenzabstände für Wald

(1) Wird ein Wald neu begründet oder verjüngt, so sind gegenüber Nachbargrundstücken folgende Abstände einzuhalten:

1. gegenüber dem Weinbau dienenden Grundstücken: 10 m
2. gegenüber öffentlichen Verkehrsflächen und Wirtschaftswegen: 3 m
3. gegenüber sonstigen Grundstücken, die nicht mit Wald bepflanzt sind
   bei Neubegründung: 6 m
   und bei Verjüngung: 4 m
4. gegenüber Grundstücken, die mit Wald bepflanzt sind 2 m

(2) Absatz 1 gilt nicht gegenüber Grundstücken im Sinne von § 50 Abs. 2 Nr. 3 und 4.

(3) Der nach Absatz 1 freizuhaltende Streifen kann mit Laubgehölzen bepflanzt werden, deren natürlicher Wuchs bei einem Grenzabstand bis zu 3 m die Höhe von 6 m und bei einem Grenzabstand bis zu 1 m die Höhe von 2 m nicht überschreitet.

§ 54 Abstände von Spaliervorrichtungen und Pergolen

(1) Mit Spaliervorrichtungen und Pergolen, die eine flächenmäßige Ausdehnung der Pflanzen bezwecken und die nicht höher als 2 m sind, ist ein Abstand von 0,50 m und, wenn sie höher als 2 m sind, ein um das Maß der Mehrhöhe größerer Abstand von der Grenze einzuhalten.

(2) Absatz 1 gilt nicht in den in § 50 Abs. 2 genannten Fällen.

§ 55 Ausschluß des Beseitigungsanspruchs

(1) Der Anspruch auf Beseitigung von Anpflanzungen, Spaliervorrichtungen und Pergolen, die geringere als die in den §§ 48 bis 54 vorgeschriebenen Abstände einhalten, ist ausgeschlossen, wenn der Nachbar nicht innerhalb von fünf Jahren nach dem Anpflanzen oder der Herstellung Klage auf Beseitigung erhoben hat. Dies gilt nicht für Anpflanzungen an der Grenze eines Wirtschaftsweges.

(2) Werden für die in Absatz 1 genannten Anpflanzungen Ersatzpflanzungen vorgenommen, so gelten die §§ 48 bis 54.

§ 56 Nachträgliche Grenzänderungen

Die Rechtmäßigkeit des Abstands einer Anpflanzung wird durch nachträgliche Grenzänderungen nicht berührt; § 55 Abs. 2 ist entsprechend anzuwenden.

Schleswig-Holstein

Nachbarrechtsgesetz für das Land Schleswig-Holstein

vom 24. Januar 1971

§ 37 Grenzabstände

(1) Der Eigentümer und der Nutzungsberechtigte eines Grundstücks haben mit Bäumen, Sträuchern und Hecken (Anpflanzungen) von über 1,20 m Höhe einen solchen Abstand zum Nachbargrundstück einzuhalten, daß für jeden Teil der Anpflanzung der Abstand mindestens ein Drittel seiner Höhe über dem Erdboden beträgt. Der Abstand wird waagerecht und rechtwinklig zur Grenze gemessen.

(2) Anpflanzungen, die über die zulässige Höhe oder den zulässigen Abstand hinausgewachsen sind, sind auf Verlangen des Eigentümers des Nachbargrundstücks auf die zulässige Höhe oder den zulässigen Abstand zurückzuschneiden, wenn der Eigentümer oder der Nutzungsberechtigte sie nicht beseitigen will. Die Verpflichtung zum Zurückschneiden braucht nur in der Zeit vom 1. Oktober bis zum 15. März erfüllt zu werden.

§ 38 Boden- und Klimaschutzpflanzung

(1) Mit Anpflanzungen zum Schutz landwirtschaftlich oder erwerbsgärtnerisch genutzter Grundstücke vor Witterungseinwirkungen (Boden- und Klimaschutzpflanzungen), die nicht über 7 m hoch sind, braucht der in § 37 Abs. 1 vorgeschriebene Grenzabstand nicht eingehalten zu werden. Wird die Höhe von 7 m überschritten, so gilt § 37 Abs. 2 entsprechend.

(2) Der Eigentümer und der Nutzungsberechtigte eines landwirtschaftlich oder erwerbsgärtnerisch genutzten oder eines ungenutzten Grundstücks müssen überhängende Zweige und eindringendes Wurzelwerk von Boden- und Klimaschutzpflanzungen, von denen keine erheblichen Beeinträchtigungen ausgehen, dulden.

§ 39 Ausnahmen

§ 37 gilt nicht für

1. Wald;

2. Anpflanzungen, die hinter einer geschlossenen Einfriedung vorgenommen werden und diese nicht überragen; als geschlossen gilt auch eine Einfriedung, deren Bauteile breiter sind als die Zwischenräume;
3. Anpflanzungen auf öffentlichen Verkehrsflächen;
4. Anpflanzungen an den Grenzen zu öffentlichen Verkehrsflächen, zu öffentlichen Grünflächen und zu oberirdischen Gewässern von mehr als 4 m Breite;
5. Hecken, die nach § 30 Abs. 1 auf der Grenze angepflanzt werden oder die das öffentliche Recht als Einfriedung vorschreibt.

§ 40 Ausschluß des Anspruchs auf Zurückschneiden

(1) Der Anspruch auf Zurückschneiden von Anpflanzungen ist ausgeschlossen, wenn die Anpflanzungen über die nach diesem Gesetz zulässige Höhe oder den nach diesem Gesetz zulässigen Abstand hinausgewachsen sind und nicht bis zum Ablauf des zweiten darauffolgenden Kalenderjahres Klage auf Zurückschneiden erhoben worden ist.

(2) Der Anspruch auf Zurückschneiden von Anpflanzungen, die bei Inkrafttreten dieses Gesetzes vorhanden sind, ist ausgeschlossen, wenn

1. ihr Grenzabstand dem bisherigen Recht entspricht, es sei denn, daß die Anpflanzungen noch nicht älter als fünf Jahre sind, oder
2. ihr Grenzabstand nicht dem bisherigen Recht entspricht und nicht bis zum Ablauf des zweiten auf das Inkrafttreten dieses Gesetzes folgenden Kalenderjahres Klage auf Zurückschneiden erhoben worden ist.

§ 41 Ersatzanpflanzungen und Grenzänderungen

(1) Werden für Anpflanzungen, bei denen der Anspruch auf Zurückschneiden nach § 40 ausgeschlossen ist, Ersatzanpflan-

zungen oder Nachpflanzungen vorgenommen, so sind die nach diesem Gesetz vorgeschriebenen Abstände einzuhalten.

(2) Unter Einhaltung des bisherigen Abstandes dürfen

1. einzelne abgestorbene Heckenpflanzen einer geschlossenen Hecke ersetzt werden,
2. einzelne Sträucher und Bäume in einem Knick nachgepflanzt werden,
3. Ersatzanpflanzungen für beseitigte Knicks vorgenommen werden.

(3) Die Rechtmäßigkeit des Abstandes wird durch nachträgliche Grenzänderungen nicht berührt, jedoch gilt Absatz 1 und 2 entsprechend.

Register